陕西出版资金资助项目

秦巴古盐道

邹卫鹏 ◎ 著

QIN-BA GU YANDAO

陕西师范大学出版总社

图书代号　SK18N0071

图书在版编目（CIP）数据

秦巴古盐道 / 邹卫鹏著 . —西安：陕西师范大学
出版总社有限公司，2017.12
　　ISBN 978-7-5613-9680-3

　　Ⅰ . ①秦…　Ⅱ . ①邹…　Ⅲ . ①盐业史－中国
Ⅳ . ① F426.82

中国版本图书馆 CIP 数据核字（2017）第 295881 号

秦巴古盐道

邹卫鹏　著

责任编辑	王文翠
责任校对	陈梅宝
版式设计	前　程
出版发行	陕西师范大学出版总社
	（西安市长安南路 199 号　邮编 710062）
网　　址	http://www.snupg.com
印　　刷	陕西金和印务有限公司
开　　本	700mm×1020mm　1/16
印　　张	10.25
字　　数	120 千
版　　次	2017 年 12 月第 1 版
印　　次	2017 年 12 月第 1 次印刷
书　　号	ISBN 978-7-5613-9680-3
定　　价	65.00 元

序

　　2015年夏,邹卫鹏先生就和我谈到想把秦巴古盐道的相关史实写出来,把这将要被遗忘的历史告知世人,他说只有这样才对得起那些客死盐道的万千灵魂,自己的良心也才有所安慰。他的话是极其朴实而真诚的,但我明白,他是担心这见证了中华民族历史的盐道被后人遗忘,他想把一代代盐工和盐夫结晶下来的一种精神告知来者,他要用一个文物工作者的责任和担当去完成一件前人早已忘却了的工作。所以,我那时是极力"撺掇"的。

　　两年后的又一个夏天,他将书稿《秦巴古盐道》送来,让我作序。我专业从事盐业考古和研究几十年,深知他为完成这部书稿所倾注的感情和心血,不免有些忐忑:一是很愿意为这部书做一个恰当的序,但又怕有失偏颇,所言不妥;二是这种线形的而且是两千多公里的盐道我还是第一次接触,虽在几年间也曾四次来到陕、鄂、渝相连的大巴山深处实地踏察走访,但那都是区域性的,获得的信息量也是有限的。而他是脚踏实地地通走了整个秦巴地区的盐道,面对面地采访了数百位健在的盐工和盐夫,并且在调研中以大量的文献资料佐证了史实。让我作序,我害怕短小的文字难以囊括这厚重的历史,有负他的重托和自己的初衷。思量再三,我只能就此谈点感受,以为序。

　　邹卫鹏先生作为一名普通的基层文物工作者,能够在这样一个浮躁的时代和纷繁的工作环境中,十几年来坚持对秦巴古盐道进行研究和记录,这种历史责任感和文化的自觉是令人敬佩的。

2008年前后，我正在做西藏芒康的盐业考古，同时还有玉树的一些考古工作，只是偶尔才回西安一趟，而且停留时间很短，邹卫鹏先生就恰好在我某次回到西安的第二天走进我的办公室。原来他一直通过省文物局了解着我的行程并要了电话，交谈后我才知道他所在的县到西安要坐两天的汽车，中途还要转车，他这已是第五次登门找我了。我忽然有些感动，问他怎么不打电话，他说从不认识，只是慕名拜访请教，那样做不礼貌。

当我看完他递给我的有关秦巴古盐道的简介材料后，我便觉得这是一个很大的而且具有重大考古意义和社会价值的课题。我很怀疑，一个非专业的基层文物工作者能否把这样一个历史久远且涉及领域广泛的重大课题研究透彻？是否有足够的人力、物力、精力的保障？从简介材料看，这是需要一个专业的、强大的团队才可以完成的。但还是鉴于他的虔诚和执着，我谈了一些个人的观点和看法。那之后，他不断地通过电话等方式与我谈着他所做的工作和一点一点的新发现，我也将我的一些盐业考古资料发给他，并就他的调研做一些竭尽所能的指导，包括盐业考古的方法、步骤和资料的收集整理等。期间，我给了他近百万字的相关书籍，让我吃惊的是他竟然很快读完，而且理解深刻，并就盐业考古和我国盐业发展史的问题不停地发问。

老实说，我对他的印象是从支持到厌烦，到感慨，再到敬佩而最终成为至交的。在他的邀请下，我曾四次走进秦巴古盐道，后来还主动邀请了我国著名的盐业研究专家北京大学考古文博学院李水城教授一同前往。正是他的执着精神和扎实工作，镇坪古盐道于2011年成为第三次全国文物普查新发现的二十七个古遗址之一，被国家文物局录入《第三次全国文物普查百大新发现》一书，2014年又被陕西省人民政府公布为省级文物保护单位。

食盐作为重要的民生物资和国力资源，历来都是被国家专控的，私盐的生产和贩运通过严酷的刑罚来禁止。秦巴地区峰峦连绵，江河纵横，地域广袤，人口稀少，国家管理往往鞭长莫及，因此秦巴盐道既承载了民生所需，又为私盐的生产和贩运创造了条件，但史书少有记载。1949 年后，随着民生条件的逐步改善，这一具有重大历史意义和社会意义的盐道便逐渐被遗忘在了历史的风尘中。我想：如果没有邹卫鹏先生的艰苦劳动，这样一段辉煌的历史能否被发现？这么大范围的盐道在不断的现代化建设和自然冲刷中能否引起足够的重视而得到保护？答案只有两种：也许会推迟数年，也许会永远湮灭。庆幸的是，《秦巴古盐道》以图文并茂的手法较为详实地记录了这一史实，为后世留下了宝贵的文化遗产和史学研究资料。这正是《秦巴古盐道》一书的价值所在，也是邹卫鹏先生对历史的贡献所在。

"没有物质的交流，就没有人类文明的开始。"愿读者通过阅读本书去认知这段历史，去感悟这条盐道与一个民族的发展关系，去体味先民们所具有的那种民族精神。

张建林

2018 年 3 月

自　序

秦巴古盐道，犹如人体的脉络，在华夏中央腹地的林海莽原上伸展，孕育了人性的本真和生命的张力，构成了长达五千多年而没有断层的文化走廊。它是至今还在跳动着的远古历史的脉搏，将人与自然的撞击汇成一首凄婉悲壮的人类社会走向文明的史诗，吟诵着人文精神的真谛和我们的文化之根……

毛泽东说："人民，只有人民，才是创造世界历史的动力。"但无论我们读正史还是野史总是很难找到这些"动力"的影子，即使有，也绝非是一个阶层或一个庞大的群体。我有幸接触到这样一个阶层和群体，并沿着他们所走过的历史脉络发现了中国第一口盐泉。当我走完秦巴地区两千四百余公里尚有遗迹可寻的古盐道，采访了健在的二百七十六位制盐工人和运盐盐夫时，我被这样一个社会最底层的庞大群体深深地震撼了！是他们，用最平凡的劳动创造了绵延五千多年却没有记载的伟大历史；是他们，用血与泪构筑起华夏中央腹地最早的经济文化圈，并伴着中华民族的文明与进步从虞夏之时一直走到了1988年！

我忽然觉得自己有一种责任，我应该把这部至今还存活的真实历史告诉今人，传递给后世。只要有人知道这个史实，只要这芸芸劳苦大众用铁肩和草鞋走出的盐道以及他们所沉淀下的"仁义为本，坚韧不拔"的精神不再湮没于苍山江河之下就足够了。因为，我不想让这本该浓墨重彩载于丹青的历史，随着最后的盐夫谢世、本已破败不堪的盐道逐渐消亡后，最终消失在世人的记忆中。这就是我写这本书的动机。

在徒步盐道走访盐夫的日子里，我听着那些老盐工、老盐夫亲历的故事，陪着他们一起追忆和流泪，一个社会最底层的群体形象在我的心中伟岸起来，以盐为主线的历史脉络也愈加清晰地在我的脑海里勾勒出来。这不是故事，而是五千多年来一代代盐夫们用他们的生命所演绎的一部伟大却毫无记载的血泪史。然而，他们至死也并不知道他们所创造的历史价值和社会价值，他们只求平安和温饱；他们更不知道，正是他们用前仆后继的劳动，在莽莽大山深处开创了中国历史上的第一条经济大动脉，进而形成了虞夏时期经济文化圈的雏形，并以此影响和改变着社会的进程，他们只求劳动的本分和家的生存。

其实，两千四百多公里的秦巴古盐道只是现今残存的大量盐道遗迹的核心部分。早在商周时期，这条盐道就已经延伸于云南、贵州、甘肃、湖北、四川等地，覆盖了现在的十一个省。它犹如一张巨大的路网连缀着每一处炊烟升起的地方，它更像人体的脉络源源不断地输送着人类繁衍生息所需的生命营养。自虞夏到抗日战争，在数千年的历史长河中，围绕着食盐这一战略物资的争夺几乎没有停止过。也因为食盐是重要的、不可取代的民生物资，历朝历代都将其视为立国强权的经济基础，春秋时期，食盐的利润就被称为"蓝色的财政海洋"。正因为如此，在食盐的生产和运输、掠夺和反掠夺的过程中推动了社会结构的演变，促进着中国古代经济体系的生成和完善，创造和沉淀着多元文化的融合，同时也将民俗、信仰、道德等融合成社会秩序的规范。

古盐道，神秘得像神话，抽象得像寓言。解读它，我们仿佛伴着先民的脚步在时空隧道中旅行，历史的脉络在我们眼前清晰地延伸，社会最底层的劳动者的智慧和精神在我们体内延续。他们的血、他们的泪、他们的汗都是咸的，他们用血泪和汗水写出了一部伟大而又不为人知的华夏文明史。所以，我把这早已沉入史海的历史奉献给读者，算是对千千万万永远留在盐道的灵魂的慰藉吧！

20 世纪 70 年代，随着山区公路的开通，秦巴古盐道上每日数千人的专业盐运队伍迅速减少，到 1972 年，中国盐业史上最后的一支人力盐运队伍彻底解散。1988 年底，这个沸腾了五千多年的大宁盐厂在产盐 1.6 万吨后熄灭了它最后的一缕青烟，中国历史上以木柴和煤炭熬制食盐的古老工业永远退出了历史舞台。

由于历史久远，文献资料奇缺，加之各类建设的快速发展，盐道损毁严重，而从事手工制盐的盐工和挑背食盐跋涉盐道的盐夫又年事已高，所剩寥寥，虽极尽所能，但仍有很多缺憾，恳请读者给予包容和谅解。

邹卫鹏

2018 年 3 月

目 录

秦巴古盐道

第一章 被遗忘的秦巴古盐道

　　大西北的丝绸之路、大西南的茶马古道，以及学者们今天所研究保护的蜀道、子午道、褒斜道等都已被人们所熟知，然而在我国中央腹地的秦巴大山之中却还隐藏着一条足以与这些道路相媲美的古盐道。2011 年 9 月，当国家文物局将这条古盐道公布为第三次全国文物普查新发现的二十七个古遗址之一时，专家学者们震撼了，秦巴山区的民众震撼了，健在的最后一代盐工、盐夫们震撼了！

　　人与自然的共存关系是微妙而神奇的。人类之所以能够繁衍生息，是因为大自然为人类源源不断地提供了生存所必需的、充分的物质条件，而这些物质条件中的相当一部分又成了人类矢志研究却又至今未解的自然之谜。大宁河边的自流盐泉是中国历史上的第一眼盐泉，因盐运而开辟于深山峡谷中的盐道是中国历史上的第一条盐道，自虞夏以来，围绕着这里盐业生产和运输而发生的一切，对于我们来说就是这样的一个未解之谜。于是，先民们将它归为神话和传说，并以灵异的奇山大川为依托，形成一种敬畏或信仰而加以崇拜。正是带着这份敬畏和崇拜我们于 2005 年走进了秦巴大山，去解读那条在华夏中央腹地这片神秘的土地上绵延了五千多年的秦巴古盐道……

古盐道所在的地理环境

秦巴地区位于鄂、渝、陕、川、陇、豫六省市的交会处，行政区划上包括了今天陕西汉中、安康、商洛，湖北襄樊、十堰、荆门、随州、神农架林区，四川达州、巴中，甘肃陇南，重庆万州，以及河南南阳等地市。这是一片广阔而神秘的土地。相传华夏始祖炎帝在神农架立木为城，传授耕种，尝百草，兴医药；女娲在今平利县东"抟土作人"，南宋罗泌《路史》载："女娲立，治于中皇山，山在金州之平利，与伏羲山接，伏羲山在城西"；而且安康还是舜的故乡，舜在安康中渡台村一带从事耕作，发明了捕鱼和烧制陶器；大禹治水，足迹遍布汉江两岸，使得汉江水滚滚东流，沿江两岸终成鱼米之乡。由此可见，秦巴地区是中国古代文明的摇篮和发祥地之一，其先民所创造的灿烂文化一直影响着后世的发展。秦巴古盐道就分布在这一地区每一处炊烟升起的地方。

鄂、川、陕三省界碑

历史上，区域板块的划分是没有精确测绘、没有经纬的，国与国（各诸侯国）、县与县之间的分疆多以山脉和江河为界。陕南镇坪县与今重庆市巫溪县同居万山丛中，加之产盐、运盐不可分割的联系，所以在很长一个历史时期都是属一个郡或一个县的。《大宁县志》载："宁邑地处万山，界连三省，外屏秦楚，内障夔巫，关塞雄奇，峰峦险峻，盖亦咽喉之地，形胜之区也。"其自然形态和地理环境一目了然。《春秋》载：文公十六年（公元前611年），"楚人、秦人、巴人灭庸"，这时的镇坪和大宁同属了楚国荆州。《方舆胜览》载："秦以为巫县，汉属南郡。"从文献来看，包括镇坪在内的巫溪县在秦汉时期是属于陕西的。

秦巴古盐道源于今重庆市巫溪县大宁盐厂，经陕南镇坪县盐道干线分流后交织于整个秦巴地区，面积最大时，覆盖了今天包括陕西、四川、甘肃、云南、贵州、湖南、湖北、河南等在内的十一个省。这是一个广袤博大而

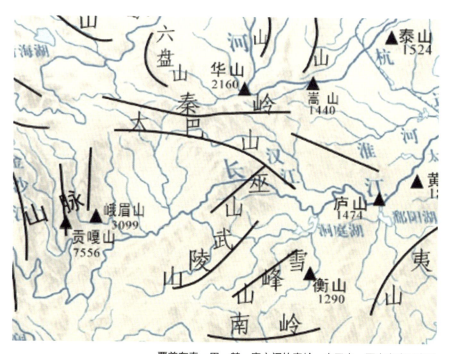

覆盖在秦、巴、楚、庸之间的秦岭、大巴山、巫山山脉示意图

鸡心岭远眺

又非常特殊的区域：秦岭是横贯中国中部东西走向的山脉，是关中平原与汉中、安康两大盆地的分水岭和南北分界线，全长 1600 多公里，最高峰太白山海拔 3771.2 米；西北至东南走向的大巴山位于我国西部，交错于四川、重庆、陕西、湖北边境，绵延 500 多公里，最高峰为湖北神农架无名峰，海拔 3053 米；与大巴山相连的巫山山脉位于湖北、重庆之间，是我国地势二、三级阶梯的分界线，最高峰乌云顶海拔 2400 米。其间，重要江河有长江、嘉陵江、汉江、丹江，渭河、灞河、南江河、大宁河等。如果用"万里山河"来形容祖国的幅员辽阔，那所指的应该就是这一片区域了。

巴山山脉与巫山山脉的交会处正是陕西南部的镇坪县与湖北省竹溪县、重庆市巫溪县两省一市接壤的鸡心岭。两大山脉的碰撞交会，形成了秦巴山区最为突出的喀斯特地貌，使得这一地区峰丛林立，溶洞遍生，沟溪纵横，暗河广布，山峰多在海拔 2000 米左右，岭谷高差多在 800—1200米之间。除少有的盆地、川道外，摩天赤壁处处可见，次生林、灌木林、原始森林随海拔变化而形成明显的垂直分界，而一条迄今已有五千多年历史的古盐道就掩映在这广袤无垠的林海绿波之中。

鸡心岭局部

　　陕西南部大巴山北麓的山间古道是秦巴古盐道的起始段，也是中国历史上的第一条盐道。它东与湖北省竹溪县相连，南同重庆市巫溪县、城口县接壤，海拔2917.2米的大巴山第二大主峰化龙山纵贯陕西镇坪县城西南部，并一路向南，经鸡心岭后又折而向东与大巴山主峰神农架相连。故而镇坪县境内海拔2000米以上的高山多达35座。其南部海拔1890米的鸡心岭，是陕、鄂、渝两省一市的界梁和分水岭。其南坡发源的溪流汇成大宁河经重庆市巫溪县入长江，北坡溪流汇成南江河由南向北贯通镇坪县全境经湖北入汉江。清严如熤《三省边防备览》写道："自大宁苦竹坝上鸡心岭，下平利之瓦子坪（时镇坪县隶属平利县辖），危峰插天，高出云表。此三处无论人马，皆不能度，即飞鸟亦难以过。"而中国发现最早的白流盐泉却就在南坡下的大宁河畔，故名大宁盐。因其地原属巴国而俗称巴盐，后以泉煎盐，成盐为块，又名盐巴。

　　这鸡心岭虽雄关插云，飞鸟难度，但它却是大宁盐过巴山，越秦岭，入关中，走鄂西的必经要冲。《三省边防备览》描写大宁盐道纵横交错长达数千余里，途经崇山峻岭、高峡深谷，故有大宁盐道"东连房（县）竹（山），北接汉（中）兴（山），崇山巨壑，鸟道旁通"和"山中路路相通，飞鸟不到，人可度越"的描绘。

历史远去，只留下这苍茫无尽、烟波浩渺的秦巴远山。站在鸡心岭上，俯瞰那些盘旋延伸于山重水复间的依稀盐道，一代代负重前行的盐夫的身影仿佛就在眼前，采访中那些老盐工、老盐夫们的眼泪和神情在这里才有了最明晰的诠释，一个民族生生不息的答案也在这条盐道上得到了解读。我所采访的是中国盐运史上五千多年来最后的一代盐夫，而在原始的生产、交通、自然和生活状态下，在上述这样恶劣的环境中，先民们是怎样用他们的铁肩和草鞋挑出了这绵亘近万里的秦巴古盐道，挑出了这一区域长达五千多年的历史演绎？先民们那种挑战自然，挑战生命极限的勇毅和伟力不正是我们今天所需要补充的精神钙质么？望着跌宕绵延的群山，采访中所走过的四千多公里的盐道倏尔化作一幅巨大的路网图展现在眼前。是啊，它像人体的脉络，为生命的存在提供着物质需求；它更像一条看不见摸不着的时空隧道，将我们推向远古又拉回到今天，让我们从物质的交流中看到了一个民族前行的脚步和发展脉络。

白鹿引泉的传说

研究表明，大凡脊椎动物都有着强烈的嗜盐性，这是生命体征的必需，随着人类的进化，人类本能的自然嗜盐成了一种理智的趋盐性，并追逐盐产区集聚生息。迄今所发现的巫山猿人、蓝田猿人、郧阳猿人以及旧石器时代三峡地区的60多处古人类遗址就是以大宁盐泉为中心而辐射开来的。

洪荒远古，生存迫使人类去探索劳动，劳动又激发了人类的思维，思维最终催生了发明和创造，从而完成了从感性到理性的认知过程。从盐泉发现到煎盐、运销，再到各个王朝的盐业管理，是一个复杂而漫长的过程，这也正是人类加快进化，走向社会化和走向文明的过程。

那么，是谁发现了这一眼盐泉？史书没有确切的记载，只留下了白鹿引泉的神话传说。据《舆地纪胜》载："宝山咸泉，其地初属袁氏。
一日出猎，见白鹿往来于上下，猎者逐之，鹿入洞不复见，因酌泉知味。
意白鹿者，山灵发祥以示人也"。宝山，即至今尚在流淌的大宁盐泉所
在地宝源山。而在秦巴地区流传最广的还是民间口口相传的版本：相传，
远古时期，"南山老林"的巴山腹地还是人迹罕至、古木参天的荒蛮之地，
稀有的住户多以狩猎为生。是年仲夏，宝源山下年轻的袁氏猎人吃罢早
饭便带着弓箭和心爱的猎犬进山了。时近中午，猎人已翻过了几座大山
仍是一无所获。疲惫不堪的猎人擦了擦脸上的汗，再看看猎狗，猎狗伸
着长长的舌头吐着白气，他不忍地拍了拍猎狗的头说："老伙计，我们
歇歇吧。"猎人刚刚席地坐下，正用衣襟扇着凉风，忽听密林深处传来
野兽走动的响声，猎人一下来了精神，猫腰向着发出声音的地方寻去，只

白鹿引泉而得盐，铸雕塑以感念

追猎白鹿而发现盐泉的猎人塑像

见一只强壮的成年白鹿站在不远处的高坡上正煞有介事地望着猎人。猎人猛地站起张弓搭箭，正待发射，白鹿一跃则翻过了山梁。猎人追过山梁，又见白鹿立于前方，再射，白鹿又奔跑不见。就这样追追停停，不知翻过了几座山梁、几道沟溪。后来，猎人发现白鹿站在一处凹地不再奔跑，便运足了力气满弓欲射，忽然，那白鹿化作一位亭亭玉立的少女含笑望着猎人，猎人大吃一惊，急揉双眼，再看时，白鹿已无踪影。惋惜之余，猎人来到白鹿刚刚站过的地方，顿觉又累又渴又饿，他下意识地四周看了看，又侧耳细听周围的声响。突然，远处溪流的声音让他振奋起来，他立即寻着那声音发出的地方奔去，只见半山的崖壁上有一洞穴，一股巨大的泉水自穴中喷涌而出，似白练悬空，如金银落地，继而与远去的溪流汇合隐没在了深山峡谷之中。猎人急忙蹲下用手捧水来喝，竟是极咸的卤水。第二日，消息不胫而走，四方山民纷至沓来，以竹筒、木桶盛卤水而食用。自此，这里山民的生活大大改善，饮食文化开始萌生，以物换物的原始贸易也开始形成。为纪念袁氏猎人，盐泉所在地被命名为"白鹿"。现今，巫溪县城大宁河上铁索桥的两端矗立着猎人和白鹿的雕像，那猎狗的舌头还长长地伸着。

　　尽管中国的盐资源是极其丰富的，但远古时期在今川、陕、鄂、渝、湘、黔的这一大片山地中，所发现的溢出地表的盐泉却只有宝源山大宁盐泉、伏牛山盐泉和益阳盐水三处。伏牛山盐泉出自山麓河边，益阳盐水出自江底，取卤利用必先用竹筒分水，难度甚大，产量极小，远不能满足周边山民的生活所需。唯有大宁盐泉出自山腰的天然洞穴，在原始的生产力条件下易于开发利用，这既是大宁盐有着五千多年辉煌历史的基础，也是它所辐射的地区能够成为最早的古代经济文化带的重要因素。

　　其实，大宁盐泉的形成并非神灵的恩赐，而是在大约两亿年前，大巴山一带还是一片海洋，地貌与现在正好相反，呈东高西低走势，后经一系列的地质活动，喜马拉雅山隆

宝源山半山洞穴中自然流淌出的卤水

起，包括四川盆地在内的西南地区成了陆地，原来的海洋分解成了一个个巨大的卤水盆池深藏于地下，并在一定外力的作用下渗流出地表。只不过在原始的社会条件下，人类对自然界的认识不可能以科学为依据而已。大宁盐泉是否因袁氏猎人追逐白鹿而发现并无文字可考，而且虞的时代是否有袁氏姓氏尚有待考证，虽然伏羲氏就有了"正姓氏，别婚姻"，但直到先秦时期姓和氏还是两个不同的概念，姓是指同一家族的名称，而不是今天的百家姓，但必然有人最先发现盐泉倒是事实。也正因为这个发现盐泉的人已不可考，人们便将其发现归结于神话传说之列，它表达了先民对美好生活的向往和追求，也烙印着真、善、美的人性本真。

因盐而立的巫咸古国

《华阳国志校补图注》载："当虞夏之际，巫国以盐业兴。"这个五千多年前的巫国究竟是一个怎样的国度？在华夏大地尚无其他盐源发现的时候，巫国的盐业又"兴"到了怎样的程度呢？其实，巫国并非国，而是一个以盐为物质基础继而发达兴邦的远古部落联盟。

《山海经·大荒西经》说："大荒之中，有山名曰丰沮（盐泉）。玉门，日月所入。有灵山，巫咸、巫即、巫肦、巫彭、巫始、巫真、巫礼、巫抵、巫谢、巫罗十巫，从此升降，百药爰在。"这里的"灵山"即是至今还流淌着盐泉的所在地宝源山。神仙们于此下凡升天，自由往来于天上人间，采集着各种不死之药。后来，十巫之一的巫咸见这里山河壮美，风光秀丽，物产丰富，特别是有食盐和不死之药（丹砂）这两大珍稀之宝，便不再做神仙，而是利用这里的盐泉和不死之药创立了巫咸古国。巫咸国依仗其独有的卤水和不死之药而迅速强大起来，其疆域以大宁盐泉为中心，囊括了今重庆市巫溪县周边的广大地域，以及陕西平利、镇坪、岚皋、紫阳等县。不少史书将"巫咸国"译为"巫哉国"或"巫载国"，这大概是两字近似，

"巫"

先贤笔误罢。因为十巫之中只有巫咸而无巫哉，所以应为"巫咸国"，简称"巫国"。

《山海经·海外西经》说："巫咸国在女丑北，右手操青蛇，左手操赤蛇，在登葆山，群巫所从上下也。"这里的登葆山也就是中国发现最早的自流盐泉地宝源山。巫咸，是古三峡地区有文字记载的最早的部落首领，大致与中原的炎黄同时代或更早，是巫教、巫师的创始人，同时又是精通医术的巫医。20世纪70年代，考古工作者在原巫国所在地大溪口发掘古墓葬二百零七座，并确认距今绝对年代在五千二百年至六千年之间。墓葬中大量的鱼骨说明巫国部族或部族首领已经有了用鱼殉葬的礼制，而鱼是必须通过腌制才能杀菌防腐，达到殉葬要求的，这就必须使用大量的食盐。在远古，这种奢侈的殉葬唯有在巫国才能办到。

巫国拥有盐泉和不死之药，便拥有了富敌天下的物质财富。《山海经·大荒南经》描写到："不绩不经，服也；不稼不穑，食也。爰有歌舞之鸟，

最具代表性和广泛性的巫文化——端公

鸾鸟自歌，凤鸟自舞。爰有百兽，相群爰处。百谷所聚。"因为盐的存在，四方的物质财富源源不断地流向这里，完全使这个史前的巫国成了最为理想的世外桃源，成了人与自然和谐统一的极乐世界！

虞夏之时巫国虽然已是盐业兴旺了，但直到夏朝，盐还是一种贡品或仅限于贵族享用的奢侈品。到了商代中期，有了新的盐泉发现，才有微量的食盐逐步走进民间百姓的生活之中。在这漫长的岁月中，食盐成了巫国最强大的垄断商品。也正是这种垄断，使得巫民在原始的物质贸易和优越的生活中创造出了灿烂的巫文化。直到今天，巫文化现象在秦巴地区的流传仍十分广泛，其中相当一部分仍被民间广泛应用着。只是在社会的发展中有的转化为民风民俗得以传承彰扬，有的则归为迷信而被抑制消亡；有的即是事实的存在却没有解释的科学依据而列为玄学或方术，这是有待研究的。如巫舞、祭祀、占卜、掐算、跳端公等就属前者，而"请七姑娘""化九龙水""收包（疮疖）""符咒"等则属后者。但无论怎样评判，富强的巫国终究是将物质和文化有机地融合了起来，成为一个地区走向原始文明的先驱，并影响着这个地区未来的发展与进步。

故国兴衰皆因盐

　　大约在夏末商初，巫咸古国北部的庸国（上庸）开始兴起，定都于今湖北省竹山县城东南部的方城山。商代，庸为侯国，至周代，因率南夷群蛮随武王伐纣有功而被封为子国。《尚书》说："武王兴兵伐纣，庸率卢、彭、濮等八国以兵相从。"灭商后，庸国以其强大的军事实力奠定了自己的国家基础。立国之初，庸人积极学习巫国先进的生产技术和医疗技术，同时大力发展自己的农业产业，使自己的国力迅速壮大起来。其泥土夯筑的都城历经三千余年尚能完好保存，足见其建筑水平之高超。《古代战事考》载，"惟庸人善战，秦楚不敌也"，可见其军事力量的强大。《民俗博览》记载："庸人好巫，端公疗疾，其效神验，乃上古遗风也。"事实上，这种"上古遗风"是向巫国学习的结果，特别是到了商代，庸国的巫文化反而超过了巫国本土。这一切表明，庸国是一个善于学习、借鉴、总结的国家。这种遗风也一直影响着他的后裔，现今民间所流传的"天上九头鸟，地上湖北佬"之说，就是指湖北人的精明能干。可见，民族的文化渊源是源于先民的创造的。

　　正如此，庸人休养生息的"国策"最终得到了回报，其疆域一路扩展，最大时包括了今陕西商洛山阳、镇安、柞水，安康汉阴、紫阳、岚皋、平利、镇坪，重庆巫溪、巫山、奉节，湖北竹山、竹溪、房县、神农架、兴山、秭归、巴东在内的大部分秦巴地区。《华阳国志·汉中志》说："（汉中）本附庸国，属蜀。"《太平寰宇记》卷一百四十一记载，金州"于周为庸国之地"。这一时期，古庸国的文化、农耕技术、手工业技术等都得到了全面快速的发展。从出土的石、骨、玉等装饰品和岩画作品中不难看出，庸国是中国古代高度发达的国家。庸国盛产五金，有着当时极为成熟的青铜制造技术，商代的许多鼎器和大钟就是庸人的杰作。然而，庸国如此强大，唯独没有食盐，这是庸国最为恼火的事。到了商代后期，庸国无论是军事实力还是经济实力都有了长足的发展。至周，更是具备了雄霸一方的实力，于是举兵灭了巫咸古国，占领了它的国土和盐资源。庸国的国力盛极一时，相邻各国均不敢与之抗衡。

早在先夏时期，位居中原西南、四川盆地东部的巴国就已经诞生了，只是那时的巴国还仅仅是夏王朝的一个诸侯国，称为"巴方"，商朝时又称为"巴奠（甸）"。那时的巴国向商纳贡服役，国力还相对孱弱。一方面，巴国深居巴山和巫山两大山脉交会叠起的万山老林之中，生产、生活条件都极为落后艰苦，即便这样还要纳贡服役；另一方面，胜似黄金宝器的盐资源就在自家门前却被庸国占有，巨大的财富洪流只能眼睁睁看着别人收入囊中，但这一切巴国都只能暗自神伤，垂涎以待。公元前11世纪，悄声等待的巴国终于等来了机会，参加了武王伐纣的战争。由于巴人骁勇善战，迫使纣王的军队阵前倒戈，为西周王朝的建立立下了赫赫战功，后来西周王朝分封了七十一个诸侯国，巴国被封为子国，首领为巴子，得名巴子国，后世简称其为巴国。

巴国一经扬眉吐气便竭力扩张势力范围，东渡汉水与邓国相争，同时又与相邻的楚国缔结军事同盟，其疆域迅速扩大到今重庆全境，北到陕南的汉水上游，大巴山北缘，东至襄阳。这一时期，巴国的文化、青铜制造、产业经济都得到了迅速发展。而这时身处秦、楚、巴三国中心的庸国面临相邻各国的日益强大，已经看到了自己的危机，但为保住自己的王者地位和盐资源却不识时务地与楚国抗衡，向东威慑楚国的崛起，向西牵制秦国的扩张，殊不知庸国的这种自保行为构成了三面树敌的危机。公元前611年，巴国联合自己的盟约国楚国与秦国一举灭了古庸国，梦寐以求的大宁盐资源终于收入了巴国囊中。当然，在三国会战灭掉庸国之时，秦国和楚国并非不想占有大宁盐资源，只是时机未到。一来楚国深知巴国联合他国灭庸的目的就是大宁盐，两国又是结盟国，将盐资源送与巴国，等于自己也占有了"股份"。如果不慎，巴国倒向秦国，闹个鸡飞蛋打不说，弄不好还

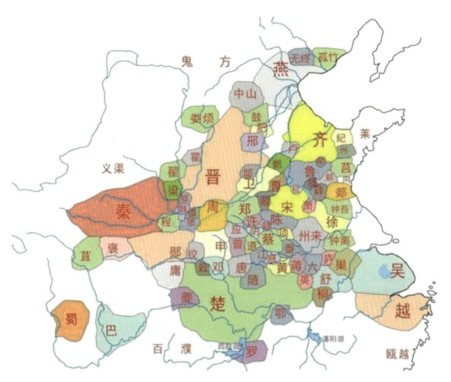

秦、巴、楚、庸、蜀国版图

会重蹈庸国的覆辙。而这时的秦国势力范围尚小，国力还相当脆弱，无论如何是不能挑战已经结盟的楚国和巴国的，尽管明知会战灭庸劳民伤财，但也只能忍气吞声，看着巴国拿走了大宁盐资源。

　　巴国占有了盐资源，国力也随之大大增强，在国泰民安的一片繁荣中，巴人创造了灿烂的巴文化，所创造的文化和符号一直广为流传并影响着后来文化的发展。特别是青铜器的铸造可谓是达到了巅峰时期，其种类之多、数量之大、分布之广，工艺成熟、特征鲜明等都是后世所不及的。

　　时至春秋，楚国逐渐强大起来，原有的结盟在盐资源的重大利益下不堪一击。《华阳国志·巴志》记载："巴、楚数相攻伐"，"哀公十八年，巴人伐楚，败于鄾"。巴国一败元气大伤，且在楚国的不断攻伐中将都城步步西迁，或江州，或垫江，又平都后阆中，国都无定所，其根基也摇摇欲坠，而这时的楚国则完全掌控了巴国的经济根基，即位于大宁和清江的盐业资源。公元前316年，南方崛起的蜀国构成了对巴的强大威胁，秦惠王应巴国请求使张仪、司马错挥军南下灭了蜀国，回师之时一举向东又顺道灭了巴国，立巴郡，成为秦始皇三十六郡之一。

那时，春秋五霸之一的楚国及至战国仍在七雄之列，加之"巴人伐楚"之败，楚国国力迅速扩张，其疆土西起大巴山、巫山、武夷山，东至大海，南接南岭，北及安徽北部，纵横跨越了今天的十一个省。公元前246年，日益强大的秦国有了一统霸业的雄厚国力，秦王政即位后，制定了"灭诸侯，成帝业，为天下一统"的策略，遂开始了强行推进统一全国的进程。公元前223年，秦国终于灭了楚国，完成了霸业，划大宁为巫县，属南郡。

无论是秦、巴、楚、庸长达三百多年的智勇鏖战，还是先民们趋盐迁徙的五方杂居，无不直指这关乎自身存亡和足可富甲天下的一眼盐泉。在历史的更迭变换中，各个王朝无不把盐作为重要的民生物资和战略物资而紧紧掌控在自己的手中，无不将盐道视为一个国家生死存亡的生命线。

第二章 『一泉流白玉，万里走黄金』

因为盐，才有了这纵横于秦巴大地近万里的盐道；因为这盐道，也才有了秦巴大山深处迅猛勃发的人流、物流、信息流。大山深处的人们需要盐道，盐道是他们赖以生存的保障，是他们生活的希望，是一个地域的人民通向文明与幸福的命脉。先民们用他们的铁肩和草鞋走出了一条古盐道，用他们挑战自然、挑战生命极限的民族精神演绎了五千多年的历史进程。这是一条艰辛与浪漫交织、痛苦与快乐相融的古道，是一条没有断层的文化走廊。它承载着历史的重叠与厚重，彰显着生命的韧性和张力。它是历史的浓缩，更是精神的化身。

纵横交错的秦巴古盐道

虞夏之时，文字尚成形，而大宁的盐业就已经能够富甲一方，成为立国之根基，并开始向其四周扩散了。商代末期又发现了第二处盐泉，至秦汉则有了更多的发现，社会用盐的矛盾已不是盐源而是道路的问题了。所以说秦巴古盐道的形成是没有具体的时间界定的，它始于虞夏，伴着社会的发展需要而延伸，定型于明清时期，定格在盐烟熄灭的1988年深秋。那么，秦巴古盐道究竟有多长？它四周的终点都在哪里？这已成了千古之谜，是永远也没有定论的了。从目前现有的资料看，也只有南接南岭，北达关中，

沿山体打凿的石蹬道

东至武汉，西到四川、甘肃以及云贵的大概范围。随着各地盐源的发现，唐、宋以后，大宁盐的盐运路线开始回缩，到明清时期，大宁盐的供应范围则只有陕南、鄂西北和重庆部分地区的四十余县了。截至1949年12月底，大宁盐的运销地域仅为十七个县。有学者说秦巴古盐道"是盐道，更是情道、兵道、赌道、匪道、商道的集合"，这是比较概括而合理的。

原始的生产力是落后的。在峰壑纵横、林海无尽的秦巴大山深处，本来就人口稀少的先民们所开采的道路只不过是简易而且仅仅满足自己需要的狩猎山道，是各家各户生产生活圈子内所必需的有限小径。这些山间小道并未串联起来，而且压根儿就没想到有朝一日还有运输卤水的功能。但卤水一经发现，道路便成了卤水运输最大的瓶颈。在远古，卤水的运输远不能满足民间的需求，即便紧邻盐泉的地方，能够食用卤水的人也是极其有限的。大约在夏初，先民发明了煎盐，与其说是发明不如说是偶然所得。卤水烧干留下白色的结晶，其咸味更浓，又溶于水，这就大大破解了运输难题。随之，个体的制盐工业诞生了，运销地域也迅速四射开来。为获得食盐，先民们把过去单一的生活小径一段段连缀起来，久而久之便形成了秦巴地区最初的盐道。

然而，凶险湍急的河流纵横和峰壑峭壁的群山交错，大大制约了盐道的延伸和食盐的运输。盐泉西南的巫山、奉节等地因山水阻隔而闻盐泉却不知盐味，直到汉永平七年（65年）才"尝引此泉于巫山"。我们今天所看到的小三峡栈孔就是汉代引盐泉到巫山煎制食盐在栈桩上悬挂竹筧引卤水所留下的，长江盐运也即此开始。而盐泉东南的重庆市城口县虽与大宁仅数山相隔，但因其高山险峻、急流滔滔而无法攀越，也无盐道可通，其民间食盐则完全要绕道陕西镇坪再沿巴山北坡折回运达。盐泉北面的镇坪虽峰壑连绵、急流交错，但尚可迂回绕行，故而唯一的盐运通道便由镇坪分散开去，进而延伸拓展，最终形成了覆盖整个秦巴大地的盐道网络。

生存，是人类的首要，而食盐则是生存的必需。和其他道路的形成一样，先民们以食盐为目标，以镇坪为始点，伴着食盐运销地域的扩展，盐道也在民间的极大需求中筑建、拓展、改造和维修。秦巴地区最早的盐道大多是沿着主山山脊蜿蜒通达的，它不仅规避了不可渡越的悬崖急流，也大大缩短了盐道的路程，而且还可减少猛兽对人身的侵害。这些最早的盐道痕迹至今仍保留在秦巴地区的大山之巅，民间仍称之为"盐大道"。

南江河边的古盐道

食盐运至汉江边的一处码头——吕河码头

谷底的盐道

随着生产力水平的提高和抗风险能力的增强，人们开始向海拔更低的川道迁徙，因为那里气温高，土地肥沃，便于生产劳作，能获得更多的食物，但这又使原有的盐道远离了农户和村落。汉代，随着需求量的大增，除了官府兴修栈道外，民间人士、盐夫、大户也捐资修路，历经数年，秦巴地区的盐道由山顶改向了山下，栈道和木桥接通了山道，新的盐道诞生了。明清时期，移民涌入，人口大增，食盐销量的扩大和部分河道河东的改变，对盐道又一次进行了较大规模的维修和改道，形成了我们现在所看到的盐道遗址。今天，在鄂西北和陕南的许多大山之巅还能看到最早的盐道遗迹，有的可容马车通行，有的路边还留有成排的自然石坎和较大岩龛下一字排开的石垒灶台，也能看到秦汉时期经过改造的盐道和明清以后最后定型的盐道。

没有物质的交流，就没有人类文明的开始。自虞夏到 1988 年，秦巴古盐道在长达五千多年的盐运历史中所产生的社会功能是巨大的，其社会影响是深远的，对于社会的文明与进步所起的重大作用更是不言而喻的。

荒凉在巴山深处的盐道

急流上的木桥

石级小道

延伸在大山中的石级

崖壁上的竖式栈孔

沿河道的栈道留下的栈孔

沿河道架设木桥打凿的石孔

就秦巴古盐道的起始段镇坪古盐道而言，它从大宁盐厂经檀木树坪、白鹿、龙泉进铜罐沟，上山三十里入陕西界鸡心岭，下山三十里到镇坪钟宝镇瓦子坪，由此分出一道，向东上陕鄂界梁小垭关入鄂西北，主线经钟宝镇到城关镇竹溪河，又向西分出一道入岚皋县达紫阳县，主道继续北上经白家、牛头店、曾家坝，翻秋山入平利县长安坝。随后，盐道于长安坝又分为两线，主线向北入安康，达汉中，过秦岭，走关中，进商洛；另一线则从平利魏汝至旬阳县吕河码头，装船沿汉江而下。清严如熤《三省边防备览》写道："镇坪至平利三百六十里之间，处处碥路。中经石砦河、白土岭、白珠峡、牛头店、琉璃垭、秋山、八角山，山谷峻嶒，须攀援而过，夏秋水涨阻滞，辄至旬日。冬春冰结石滑，人马失足无不立毙。此路南至大宁、奉节之途，号称绝险。"

特别是至今还被山民们使用着的由二十九段木桥组成的镇坪县代安河木质栈道，更是具有特殊的意义。远古，大宁与城口（均属当时的四川）距离很近却无路相通，大宁盐只能运抵镇坪，再经代安河栈桥运往城口县，因而，它作为一种奇怪的现象被称为"川盐返川"而载入了史册。

盐道上残留的栈孔和栈桩

盐道上的僰人悬棺群

"川盐返川"的盐道栈桥，共有 29 段木桥连缀在山崖上

盐道上顺着山体而绕行的木栈道，全长 1.6 公里，最高处距谷底垂直距离 68 米

秦巴古盐道主要由山间小道、石砭道、石垒道、蹬山石阶、栈道、槽道、栈桥、凉桥、渡口等形态组成，途中需渡越的大山和江河更是难以枚举。

随着社会经济的发展和各地自然资源开发利用的加速，这一承载了五千多年盐运历史的古盐道几近消亡，平原、川道地区则完全没了痕迹，秦巴各地深山中也仅余部分残存的段落。实地走访二十七县，唯镇坪古盐道遗址较为完整，而且具有一定的代表性、典型性，可以说它是秦巴古盐道的缩影，更是五千多年沧桑盐业史的见证。但奇怪的是，这么久远而重要的道路竟然在人力挑背食盐结束后的近半个世纪里被遗忘在了大山深处。

绝壁上开凿的槽道

人工开凿的石砭道已被抬高的河床淹没

悬崖上的石垒砭道

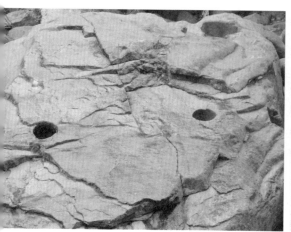

河道中间架设木桥的石孔

残留的栈孔

上古盐都

　　三峡库区蓄水前，国家对三峡地区进行了大规模的抢救性文物保护工作，其中的相当一部分都与古代的盐业有关。从中国盐业考古和现有文字史料看，宝源山下的大宁盐泉是我国发现最早的盐泉。早在虞夏之时，这里的盐业就已进入了兴盛时期，当第二口盐井发现时，历史已进入了商朝中期。后经商、周、秦、汉历代的发展，这里的人民凭借着这一眼盐泉开创了大巴山东段广大地区的文明史，并依仗着食盐这一得天独厚的特殊资源，形成了长江中上游的经济文化中心。在以后的几千年中，大宁盐泉因其卤水浓度高（冬春季节为4—5波美度），杂质含量少，蕴藏量大（年自溢含盐量 1.6 万吨），易于开发利用，且柴煎花盐多为皇家贡品而在华夏大地享有独特的地位和声誉。

　　大宁盐厂位于宝源山下后溪河下游的一段峡谷之中，后溪河顺流约三公里便汇入大宁河经小三峡入长江。自西向东的后溪河将盐厂分为南北两半，两岸山缘间距最宽处尚不足五百米。这里峭壁对峙，天光一线，两岸居民背依青山，面临河水，自得其乐。南岸木架木板的石垒吊脚楼覆盖着

残存的上古盐都一角

青黑色泥瓦，构成了"七里半边街"这一独特的民居群落，它与东岸的盐厂隔河相望，将一幅人与自然统一和谐的画卷镶嵌在巴山深处。盐厂所在地全长不到四公里，而在中国的历史上，这里却是州、府、监、县、郡的治所，更是政治、经济、文化的中心，史称"上古盐都"。

"巴盐即出，天下所求。"《太平寰宇记》载："大宁监，本防州大昌县前镇煎盐之所，在县西六十九溪南山岭峭壁之中，有盐井涌出。土人以竹引泉，置镬煮盐。开宝六年置监，以收课利。"《新唐书·食货四》载，刘晏为盐铁使，全国立嘉兴、大昌等十监，"岁得钱百余万缗，以当百余州之赋"。一监所得，可抵百州。巨大的盐利成为统治者的"财政蓝海"，成为他们巩固霸业的经济支柱和基石，所以历代统治者都在盐法垄断管理上绞尽了脑汁。北宋赵匡胤就是看清了食盐这一国家经济命脉，将全国产盐区划分为十监，大宁盐产区便是十监之一。史书一般称大宁监为"夔州路大宁监"，"路"在宋代属省级，路下设监，级别应为现在的地厅级。由于全国只有十监，所以"监"应属中央集权直辖的地厅级单位。

当年车水马龙的宁厂古镇

当年灯红酒绿的木屋吊脚楼摇曳在历史的风尘中

破败的木屋仍透着当年的繁华与喧嚣

　　自有官盐即有盐税，有盐税则有了私盐贩子，尤以清代盐运为胜。五代时，贩私盐一斤一两就可正法，宋代则为三斤，足见盐法之厉。而私盐贩子们不纳盐课，不走大道，翻山越涧以图暴利，其私盐利润可达官盐利润的二十倍以上，故虽历代盐法严酷，可私盐贩子们前赴后继，斩杀不绝，许多时期私盐贩运竟占盐总销量的一半以上，以致盐官、税警、兵卒、官吏、地痞等沆瀣一气，形成一种产销一体的灰色利益链条。这既成就了大宁盐厂"上古盐都"的地位，也红火了历朝历代的国家盐业。

　　《舆地广记·图经》记载，那时的巫溪"利走四方，吴蜀之货，咸萃于此"。王子申《大宁方志序》中提到，大宁"一泉之利，足以奔走四方，田赋不满六百石，借商贾以为国"。正是这"一泉之利"足以"为国"的盐课和"一泉流白玉，万里走黄金"的盐业，使得这仅有一隙天地的大宁尽享了"上古盐都"的美誉，这里的百姓也过上了"不稼不穑，食也；不经不绩，服也"的世外桃源生活。

旧志在描写大宁盐
厂的壮观景象时说"两
峰对峙，形如剪刀"，
春岸花香，秋江月色，
两溪(前溪河和后溪河，
两河"丁"字形交汇后
入大宁河)渔火，"万
灶盐烟"，足见盐都兴
盛之大观。随着新的盐
资源的不断开发和海盐
的流入，曾经"利通秦
楚，泽沛汉唐"的大宁
盐虽失去了远古的珍稀，
但其生产却是有增无减。
清康熙四年（1665 年）
至乾隆三十一年（1766
年）的一百多年间，一
个狭小的大宁盐厂聚集
了各种产业者近四万

古镇石阶

人，加之居民，总人口接近十万。依山而建的"七里半边街"商贾如云，
挑夫不绝，商铺旅馆、赌场妓院、戏楼酒肆充塞着每一处木屋吊脚楼，
船工的号子、纤夫的吆喝伴着那经年不绝的熬盐烟火弥漫在这个灯红酒
绿的世界。

在原始的生产力条件和恶劣的自然环境下，镇坪是大宁盐运往陕南、
关中和鄂西北的最重要的陆路大通道。而"日常数千人"的盐运大军中，
陕西的盐夫占了主流，以致在盐厂下游大宁河与后溪河交汇处的台地上至
今还残留着"陕西街"遗址。

陕西盐夫的集散地——陕西街遗址

上古盐都的街道

新的生产工艺的诞生、交通运输业的发展和国家碘盐供应的保障，使大宁这个沸腾了五千多年的盐都在 1988 年产盐 1.6 万吨后，燃尽了最后的一缕青烟，将它那伴着华夏前行的辉煌遗落在了巴山深处。

白色黄金

我们有过停水、停电、停气的恐慌和感受，却没有或很少有过无盐淡食的生活体验，那是因为我国现已发现的食盐储量即便不再有新的盐源产生，也足可供全国人民吃一百年。比比皆是而又取之不竭的廉价食盐让我们无须去拷问食盐的来历和它所带来的社会意义，这正如秦巴地区的盐运一样，从虞夏一直人力背挑食盐到 20 世纪 70 年代末却几乎没有文字记载。不难想象，假如我们今天停盐一年，那人类社会将是怎样的一种结果？

我国盐资源分布之广、储量之大是令人惊叹的。然而，在一切依赖于自然的远古，人们只能在自然的发现中去获取食盐，而那时所发现的能够被利用的盐泉又仅有大宁一处，可见食盐在当时是何等的弥足珍贵！

虞夏之时，华夏民族主要集中在长江和黄河中下游地区，岭南尚为荒蛮不毛之地，而那时的巫国已是盐业大兴，远走秦巴了。纵观中国盐业史，较之大宁泉盐，其他海盐、井盐、泉盐、矿盐的陆续发现和利用最早的也在商朝中期了，故而《尚书·禹贡》有"厥贡盐希"的记载，即那时就有了将盐作为贡品献给王公贵族的礼制，也就是说，那时的食盐还仅仅是一种贡品。在食盐稀缺的古代，食盐的社会功能远远超出了货币，也远远超出了食盐商品属性的本身，而民间生活的用盐就自然贵于黄金了。

不知是历史的久远还是古代文字的有限，有关盐产、盐运的历史是疏于记载的。我们只能借助今天的调查和盐道遗迹并结合不同朝代的历史背景去还原它的历史，用盐夫们的见闻和亲历的盐运生活去评估秦巴古盐道的社会价值。毋庸置疑，制盐的出现产生了原始的工业，从而加速了异地经济文化的交融，形成了以盐为链条的新的社会结构，带动了社会各学科、各领域的飞速发展，诞生了以盐为中心的经济文化圈。

宝源山下卤水的发现，人们吃到了第一口盐，卤水开始运送到周边有限的地区。煎盐的出现扩大了可以获得食盐的地域，继而在以后的数百年间完成了通向陕南、关中、鄂西北、重庆，以及湖南、贵州、甘肃部分地区的盐道。在原始的生产力条件下，盐运是人类历史上规模最大、持续时间最长、参与人数最多的接力赛。清严如熤《三省边防备览·卷九·山货》中写道："山内重冈叠嶂，官盐运行不至，山民之肩挑背负，赴厂买盐者，冬春之间，日常数千人。"盐资源已遍及全国的清代尚有如此的盐运规模，历史上的盐运自是不难想象的了，难怪史料说大宁盐"利通秦楚，泽被汉唐"了。

夏商之前，食盐还只是专供贵族享用的奢侈品，在向国王献礼或向大国的纳贡中，食盐则是最奢侈、最昂贵的礼物。商以后，中国大地上又陆续发现了几处盐泉，食盐才进入了百姓之家。但好景不长，至周朝，依靠民众供养的贵族迅速发现了食盐这一财政蓝海，于是，周天子开始设立盐官。

有人认为春秋战国时期是中国发展的黄金时期，政治、经济、文化都逐渐走向了成熟。随着各地盐源和海盐的发现，食盐开始普及，但其价格仍居高不下，因为巨大的盐业财政是掌握在统治者的手中的。在列国竞争的战火中，产盐的地区和拥有盐源的国家依靠这项自然资源大发横财，一些商人也依靠这一资源而形成私有产业，平地暴富，有的甚至富可敌国。

食盐本身并无太大的价值，但可怕的是垄断。作为重要的民生物资和国力资源，管仲提出了"利出一孔"的战略思想，并率先在齐国实行了对食盐的官方专营，开了中国历史上长达两千多年的食盐财政先河。《管子·轻重乙》篇言："故善者不如与民，量其重，计其赢，民得其七，君得其三"，变食盐私有为国有，变盐利为垄断。此举从而大大增强了国家的财政汲取能力，达到了富国、弱民、抑商的多重目的。《管子·海王》篇中说：国家征房屋税，人们会毁掉房屋；征树木税，人们会砍掉树木；征六畜税，人们会杀掉牲畜；征人口税，人们会拒绝生育。只有国家垄断食盐，百姓才无法逃脱税收，人人都离不开盐，盐便成了一个国家最为理想的税收工具。《新唐书·食货四》中写道："天下之赋，盐利居半，宫闱服饰、军饷、百官禄俸皆仰给焉。"

管仲在法家的变法中看到了食盐潜在的巨大利益，他对齐桓公说：十口人十人吃盐，百口人百人吃盐。一个成年男子一月吃盐五升半，女人三升半，小孩二升半。一釜盐一百升，每升提价半钱，一釜可增收五十钱；提升一钱，一釜可增收百钱。每升加二钱，一釜可收二百钱。十釜为一钟。按一千钟计算，就是二百万钱。一个万乘大国，如果每天收入二百万，十日则是二千万，一月可得六千万钱。这样，我们并没向民众征税却增加了数倍的财政收入，而且老百姓在不知不觉中纳了数倍于前的税，还不会引起民怨，更没有逃税的可能。齐桓公采纳了管仲的建议，一时间齐国的盐价飞涨至他国数十倍。盐再贵，不吃还是不行的。民间的财富通过食盐这一媒介源源不断地流进了齐桓公的金库，食盐这一商品的属性退化了。司马迁在《史记·平准书》中写道："齐桓公用管仲之谋，通轻重之权，徼山海之业，以朝诸侯，用区区之齐显成霸业。"齐国的举措，彰显了盐利可以立国的物质功能，以致各国纷纷效仿，"盐比黄金贵"的现实和民谣便从那时一直延续到了清朝。

和齐国一样，中国历史上的任何一个朝代无不将食盐之利作为国家的经济命脉而牢牢攥在手中。从齐桓公到汉武帝，官府对食盐的垄断不仅掩盖了经济上对人民的掠夺，同时也保证了国家财政源源不断的流入。官营经济以高额的垄断价格代替利税的征收，而民众却还浑然不知。三国时，食盐几乎成了国家存亡的生命所在，"夫盐，国之大宝也"。两晋后，食盐专卖更严，《晋令》载："凡民不得私煮盐，犯者四岁刑期，主吏二岁刑。"及至唐朝，盐税收入几乎达到了国家总收入的一半。为保障军费镇压安史之乱，唐朝实行"榷盐法"，将各地盐户生产的食盐低价收购起来，再高价卖给百姓，"尽榷天下盐，斗加十价百钱而出之，为钱一百一十"，同时严禁私煮私贩食盐，违者一斤一两皆处极刑。"榷盐法"实行后，盐价猛增三十六倍，人民生活更为疾苦。正是国家的垄断和官商竞相分肥勾结，即便大宁盐厂周围的民众也没能逃脱"盐比黄金贵"的厄运。在国家无序、战乱纷争的时代，货币的流通受到时局和区域的限制，唯有盐才是"硬通货"。所以，直到20世纪二三十年代的几千年中，盐产区的民众无论外出操持何业或生意往来一般都不带金银或货币，而是带盐；男方去女方家提亲，若能用一斤盐做礼物，那便是极其慷慨而奢侈的。20世纪30年代末，盐厂工人多次罢工，要求以盐作为工人工资，可惜并未如愿，盐仍是稀缺的物资。那时秦巴地区的十口之家年用盐量也只不过两三斤，有的农家将难得的食盐缝进布袋悬于房梁，吃饭时仅用舌尖轮番舔舐布袋以求得味觉的心理平衡。而在秦巴地区的广大农村，一斤盐可兑换一斗优质的大米或雇佣两个身强体壮的劳动力一天，一些投机商贩沿盐道收购食盐，再挑往山乡兑换山货，一斤盐可兑换三斤黑木耳或一张黑熊皮，若是兑换桐油或中药材则获利更大。

在供求矛盾异常突出的时代，民间所稀有的不是黄金玉器，而是食盐。因此，早在远古，食盐就负起了自然货币的职能，以致有了"巫民持盐以易衣帛"的优越，巫民用范模将盐做成标准的块状，方言称为"坨"，一坨盐即为一个"钱"。在以后的生产生活中，这种以盐易物的现象一直持续到20世纪70年代初。唐代元稹在给朝廷的奏状中称"自岭以南以金银为货币，自巴以外以盐帛为交易"。《马可·波罗游记》写建都州"所用之货币，则有金条，按量计值，而无铸造之货币。其小货币则用盐。取盐煮之，然后用模型范为块，每块重约半磅，每八十块值精金一萨觉"。那时，这里的人们无论是登门提亲还是远方学业，无论是礼尚往来还是纳贡馈赠都是不会使用金银的，而是用盐块。

在几千年的中国历史上，食盐一直是国家机器的专控物资，即便是新中国成立后国家的食盐供应也是按一个地区的人口划分的。而中国是一个地大物博、幅员辽阔的国度，越是人口稀少的地方越是交通不便，而且占有土地面积越大，这就给物资供应带来了极大的难度。所以一直到20世纪80年代，秦巴地区的绝大多数家庭都是有"盐罐"的，部分家庭还有经常"断盐"的现象。2016 年 4 月，我们征集到从清末到 20 世纪 70 年代的食盐供应票证七十四张，通过这些票证，我们能够明显看出清末以来不同时期官府对民间的食盐供应分配状况，1976 年秦巴地区的食盐供应是每人每月四两。由此，我们不难推知，在几千年的历史中，食盐被称为"白色黄金"的内涵了。

聚盐迁徙

卤水一经发现，便迅速被人类运用在了生产生活中。在盐产区及其周边可能辐射的地区，最初的卤水只能靠竹筒和木桶装盛运输，且运输距离极其有限，运输成本也相对较高。为获取卤水，周边原始部落的先民便开始向着盐泉所在地迁徙，这是在原始的生产力条件下最快捷的获取卤水的方法。煎盐的出现，虽然从根本上破解了运输难题，但"盐比黄金贵"的现实仍然让一般民众难以尝到生命必需的咸味。加之从夏朝到清朝的几千年中，盐价始终高昂，而且制盐、贩盐的利润远远高于开采品位极高的金矿，所以在几千年的历史中，陕南和川东的流民涌入就始终没有停止过。唐宋和清朝末年战乱不休，灾荒连年，各地人口锐减，独陕南和川东不仅人口未减反而大增，明清川陕大移民时，如今尚不足六万人口的陕南镇坪县却拥有十余万人。茫茫林海，千里沃野，远离了战乱和官府，自给自足的农业经济在这里发育成长，而制盐和运盐又给这里的人民带来了生活所需的一切，甚至是意想不到的异珍奇货。

地处陕南的镇坪县古称"南山老林"，县域面积仅一千五百零三平方公里，而第三次全国文物普查竟在这巴山一隅发现新石器时代遗址两处、悬棺两处、崖墓多处，可谓历史久远。但访遍民间，却无土著居民，究其原因，皆因一个"盐"字。

因为盐，镇坪这巴山一隅曾分属秦、巴、楚、庸四个国家；因为盐，才有了"冬春之间，日常数千人"踏出的这条盐道；因为盐，镇坪才形成了今天这种五方杂居、民俗迥异的人文特征。盐，构成了一个庞大的社会链条，将国家与个体，皇帝与百姓，以及官、民、兵、匪都串接在了这条赖以生存的利益链上。

狭小的大宁盐厂，构成了一个复杂而完备的社会体系，解决了大量的劳动就业问题，提供了广泛的社会物质所需。鼎盛时期仅熬盐和伐运柴火的民工就超过了两万人，因盐而兴起的餐饮业、手工业及其他应有尽有的社会产业更是欣欣向荣，经济贸易异常活跃，加之流动人口，小小大宁人口已超过十万。而在分流的各条盐道上，凡有盐店的地方就有固定的妓院和其他以物易物的贸易，食盐中转的集镇更是一片繁荣，各地商人看准商机，创立会馆，秦巴大山中的盐道充满了活力和生机，尽显了盐道巨大的社会功能。

凭着"一泉之利，足以奔走天下"的富甲，各方流民、灾民、商贩、刑徒、兵卒、道士等无不跋山涉水，或举家迁徙，或投亲靠友，或入赘联姻聚居盐泉一侧。他们或开店设栈，或贩运私盐，或垦荒耕种，或养猪兴药，他们绾草为业，互通姻亲，将楚韵秦声、巴风湘曲、闽言浙语汇于一地，形成了一檐三俗、同户异服的奇异。

民国十一年（1922年），为筹集军饷，陕西陆军第七师辎重营营长王树春带军队入驻镇坪，收取盐运保护费，盐民生活日苦。军队的介入不仅加重了盐民、盐夫的负担，也大大触及了根深蒂固的当地官绅和土匪的利益，战事不断，民不聊生。不到一年，辎重营便被当地民众和土匪联合打跑了。究其原因，土匪大多属秦巴地区当地山民，盐民、盐夫是他们的生财之源，他们需要以养供抢，而部队名为保护盐大不受土匪抢夺杀戮，实则是要收取更高额的保护费，所收数额远高于土匪所抢，其败逃也是必然了。

正是食盐这一利益基础和物质基础，盐道上最重要的关隘——鸡心岭成了古今兵家的必争之地，这里有楚长城的遗址，有张献忠、王聪儿指挥过战斗的古战场，有白莲教活动过九年的营地和炮台，有贺龙率十八兵团入川的足迹。也是因为盐可以提供足够的物质所需，唐、宋以后盘踞在这一带的土匪众多，拥有不同的命运和身份的他们来自秦巴山区的各个角落，组成了杀人越货、强抢豪夺的一个个地方武装。至清末，他们在秦巴大山之中有着近千处据点。历经数年战争和剿匪，到1949年新中国成立时，国民党残余最终选中了这一地区，出任国民党反共总司令的柯玉珊纠集土匪带其残部尚有一万多人在这一区域与剿匪大军对峙，至1950年才终被川、陕、鄂联合大军剿灭，陕南镇坪也才最终解放。

一条盐道，足以养活芸芸众生数千年，也能为旷日持久的战争提供物质给养直至新中国成立，其庞大的社会物质功能可想而知。正如此，聚盐迁徙和流民涌入便成为一种历史的必然，盐道的社会地位和历史作用也就不言而喻了。

第三章　大宁盐业的前世今生

以咸养脉

　　《说文解字》："盐，卤也，天生曰卤，人生曰盐。"天然的卤水是无法运销的，只有通过煎制成固态的盐，卤水才成为真正意义上的民生物资和国力资源。宋应星《天工开物·作咸》云："天有五气，是生五味。润下作咸，王访箕子而首闻其义焉。口之于味也，辛酸甘苦，经年绝一无恙，独食盐，禁戒旬日，则缚鸡胜匹，倦怠恹然。岂非天生一水，而此味为生人生气之源哉？四海之中，五服之外，为蔬为谷，皆有寂灭之乡，而斥卤则巧生以待。"《尚书·说命》曰："苦作和羹，尔惟盐梅。"《尚书·禹贡》也有"厥贡盐希"的记载，这说明早在夏朝之时，就有了将盐作为贡品献给王国的礼制。《周礼·天官宰》更有较为详致的"以咸养脉"的论述。司马迁在《史记·乐书》中写道："大食之礼，尚玄酒而俎腥鱼，大羹不和，有遗者也。"意思是在祭祀的重大典礼上肉汤里不加盐这是大不敬的。《三国志》里将盐称为"国之大宝"。苏轼有诗曰："岂是闻韶解忘味，尔来三月食无盐。"

　　盐之味，咸也。从人类认识事物和进化历程看，人类对于自然食物中酸甜苦辣之味的认识要比咸味早得多，但当人类第一次品尝到盐的味道后就再也离不开它了。人之所以用食盐来做调味品，并非仅是味觉所需，而是因为食盐是人体生命不可或缺的重要组成部分。盐能促进人体消化液的分泌，增进食欲，调节体内水分均衡，维持细胞内外渗透压和酸碱度的平衡以及体液的正常循环。人如果对盐的摄入量过小，就会四肢无力，头晕目眩，脉搏细弱，肌肉痉挛，视力模糊。久之，则会脏器衰竭，浮肿而亡。盐，对于人体的这种特殊作用决定了它作为商品的特殊性。在供求矛盾异常突出的古代，民间所稀有的不是黄金玉器，而是食盐。

那么，人类在发现食盐之前盐的摄入又是从哪里来的呢？那些没有探索发现能力的脊椎动物又是怎样得到盐的补充的呢？人与自然的共存就是那么神奇，只要生命需要的，自然界就会有所提供。生存的本能让这些脊椎动物在无意识间获取了生命所需的营养物质，并在长期的经验积累中由本能转化为理性追求的意识，从而完成了自我改良和进化。

生活中，如果我们稍作留意就会发现，所有的脊椎动物都有着强烈的嗜盐和逐盐的本性。秦巴地区的山民放养着大量的牛羊，无论有多么肥嫩的鲜草，它们总会不时地舔舐着岩石或泥土，它们从岩石和泥土的芒硝中摄取盐分；戈壁滩上的牧群，也常常在并无寸草的沙滩上舔舐着泥沙，那也是在补充自己身体生长所需要的盐。只是戈壁滩上植物本身的含盐量要比秦巴山区植物的含盐量高得多，所以那里的脊椎动物舔舐泥沙的量要比山区脊椎动物舔舐岩石的量小。再如农家养猪，猪已经吃得很饱了，可它还是要在圈内拱土，如果经常在猪食中加一点盐它就不再拱了。人们正是从这些经验出发，常常在动物屠宰前为其增加盐量，以起到迅速催肥的作用。

茹毛饮血的远古，原始人类生食着各类动物的肉，尤其嗜好喝动物的血，这些动物所摄取的盐分则被人类间接地吸收了。当然，大多植物也是含有盐分的，只是含量过少罢了。如果有胆，你不妨一试：所有脊椎动物的血都是咸的。动物尚知以咸养脉，何况人类。

火的发明，人类进入了熟食阶段，从而完成了远古人向原始人过渡的第一步。然而，熟食的最大弊端在于它大大破坏了食物中的微量元素和盐分，人的体质开始下降，形体、免疫力等都不如远古人。而盐的发现，立即改变了这一生存危机，并引发了一系列的饮食革命，进而从真正意义上完成了人类的进化。

秦巴地区有关人类与盐的历史故事不胜枚举，至今在百姓中还流传着这样一个广为人知的故事。远古时期，一位皇帝总觉得百味不合其口，便张榜招募天下名厨，名厨齐聚，皇帝发问，大家都投其所好答得皇帝一脸悦色。当问到一位姓詹的名厨什么东西最好吃时，詹大厨脱口而出：盐巴。皇帝大怒，想我堂堂皇帝，山珍海味哪样不全，岂可与通常百姓的盐巴并论？遂下令斩首。不久，皇帝虽顿顿山珍海味却已寝食难安了。再不久，皇帝日渐消瘦，气脉细弱，抽搐腹胀，肌肉痉挛，请来御医把脉，谓之缺盐，并向皇帝讲了一通以咸养脉的道理。皇帝折服，随为詹姓厨师昭雪，还重新厚葬了他。有一首民谣说的就是这个故事："千香百味都不久，只有盐味恋得长；十八詹天皇帝愧，百姓无盐饭不香；有盐洗牙骨节紧，少盐佐菜喝淡汤；柴盐洗脸眼明亮，炭盐泡菜水汪汪。"长久以来，民间一直伐木熬盐，以致在几千年的砍伐下大宁盐泉方圆百里皆为"童山"。明代，人们发现离盐泉不远处的檀木树坪有一种岩煤，便用来代替木柴，于是有了柴盐、炭盐之分。较之柴盐，炭盐盐质较差，但在生活运用中却又各有千秋。

盐，除了用作调味外，其他功能是从商代开始被认识的，最初是用来为将士疗伤，因发现盐具有消炎生肌之功效。在长期的生活实践和经验积累中，秦巴大地的百姓将盐的其他功能已发挥得更加完善了。如：劳作中受外伤、虫蛇咬伤或野蜂蜇伤，可用盐水清洗消毒；常用盐水漱口可治口腔溃疡和牙龈出血；用盐刷牙，可使牙齿光滑洁白到老不掉；用盐水洗头头皮不痒、不脱发；盐水洗澡可治皮肤病；蒸馏水加精盐可制成生理盐水作营养输液；食盐一匙，放锅内炒至焦黄，温水服下，可吐出胃中积食瘀痰；盐还可以做干燥剂、炉堂引火助燃剂；等等。

煮卤为盐

出现于商代的甲骨文是我国现存最早的文字，而早在甲骨文出现之前的虞夏之际巫国就已经"以盐业兴"了，所以煎盐（即熬盐）始于何时？是谁发明了煎盐？至今没有查到任何确凿的文字记载。我们完全可以推想：宝源山下的自流卤水一经发现，人们立即会奔走相告。于是，离得最近的农户开始用竹筒、木盆、木桶取卤水食用，接着较远的、更远的也用同样的方式取卤。不久，问题出现了：较远的地方必须每天有人去挑卤水，而再远的则根本无法运输卤水。一部分人开始向卤水周围搬迁，但这解决不了根本问题。后来，有农户将卤水倒在锅中，因一时疏忽卤水被柴火烧干，

熬盐作坊一角

留下一层白色的晶体，煎盐就这样被无意识地发明了。遗憾的是，这位发现者未能留下姓名。

卤水烧干就可以成为固体的盐，这从根本上解决了卤水的搬运问题。盐泉周围的人们立即利用这一原理开始埋锅煎盐，并用自己的盐换取所需的其他生活物资。这一巨大的食盐利润空间一经发现，对属于原始的公共资源的争夺就从未间断。尽管夏朝以后统治集团对食盐有所控制，但食盐的生产和交换却是私有制的，故而这种无序混乱的过

熬制食盐

程一直延续了几个朝代。随着供求地域的扩大，这种社会矛盾也愈加突出。于是，宋代盐官孔嗣宗首创了"管道输卤法"，人们用竹笕一根根连缀起来形成输卤管道，将卤水引向自己的灶台，近的几十米，远的几里路。家族势力大的便大量占有卤水，并迅速暴富起来；势力小的只能依附势力大的家族，在别人家的主竹笕上钻　个小孔，用较细的竹笕引来一小股卤水以供自家食用，倘有盈余也可以物易物，以富足自家的生活。最初煎出的盐就像铁锅柴灶做出的米饭锅巴一样，一张张叠摞起来就可以远行易物了，至今陕南和鄂西还把这种盐叫"锅巴盐"。从某种意义上讲，这种"锅巴盐"的制作应该就是我国较早的手工业了，它的出现当在虞夏之时。

分卤盐池

　　一锅卤水烧干需要很长的时间和大量的柴火，这不仅增加了制盐成本，也降低了获取利润的速度，而且锅巴盐易碎，不便运输，于是"晒卤法"应运而生了。各家用水池、木桶、木缸将卤水盛于容器中放在太阳下照晒，水分蒸发，卤水浓度大大提高，相同的时间、燃料，所产的盐却是原来的几倍。而且，人们把"锅巴盐"捣碎装入编制的篾袋中，这就为远距离运输提供了条件。秦统一度量衡后，每袋装盐一百斤，民间把一篾袋盐称之为"一坨盐"或"一个肘子"。大宁盐从虞夏开始，一直生产到1988年停产，现存厂房遗址内还可见许多破败的土灶铁锅和晒卤的木缸水池。

大宁盐泉是原始的公有制财产，人人可取，家家可得，但日久生弊，厮杀不断，唐以后便逐步走向官办。《太平寰宇记》载："山南东道夔州路大宁监，本夔州大昌县前镇煮盐之所也。在县西南山岭峭壁中，有盐泉，置镬煮盐，开宝六年置监，以收课利。"《舆地纪胜》卷一百八十一《大宁监·官吏人物》载："本朝淳化中，知监雷说，见人户汲泉，强弱相凌，多抵于讼，乃于穴旁创（刱）为石池以潴之"。雷说的"分卤法"是在盐泉下方修一个很大的卤水池，水池前面用厚大的木板挡住，木板上钻出等大的圆孔，孔中置竹笕，每根竹笕规定几户共用。至此，卤水分配才进入一个有序的阶段。但木板易腐烂，隔年需更换，直到民国末期才将木板改为铁板，上钻六十九孔。此铁板至今仍在卤池前沿忠实地分流着卤水。

利益一旦被统治者所发现，管理便会随之跟进。而且，分卤法也不能从根本上解决民间强取豪夺的矛盾，强势者常常通过堵塞别家孔眼来扩大自家的卤水流量，案件仍时有发生。同时，各家各户自主熬盐，官府管理不便，税额零散且难以界定税额多寡，偷税、漏税者居多。于是，"灶户"出现了。"灶户"等同于今天的包工头，日常生产和管理则完全是灶户的事，官府只按多少灶多少锅征税。虽说盐为官办是从唐代开始的，但直到宋代实质上还是官民合营的

已在高度浓缩的卤水

性质。北宋时虽然以灶户的形式强化了盐业管理，但灶户虚报锅数，与私盐贩子勾结，造成私盐泛滥，税收锐减。官府便于北宋中期完全取缔了食盐的私营，灶户所产食盐全部交于官府，由官府出售并由购盐人纳税，大宁盐从此完全走上了官办的工业化道路。

万灶盐烟

大宁盐收为官办，制盐的工业化生产就此开始了。一时间，在面积不足两万平方米的后溪河两岸盐灶遍地，盐烟不绝。魏晋南北朝时，战乱频仍，人口锐减，而大宁却因四方流民涌入煮盐成为设"令"的万户大县，大宁河与后溪河交汇的百里河岸两旁柴块堆积如山，至清乾隆年间，大宁盐场有盐灶三百三十六座，煎盐铁锅一千零八口，砍柴运柴工人多达八千之众，史称"万灶盐烟"。

当年的一处熬盐厂房

破败的熬盐厂房依然透着万灶盐烟的气息

巴山深处皆是无际老林，人们将圆木烧成木炭，再用木炭煎盐，以提高燃料的发热量，这样成盐快，盐质好。但这不仅使得煎盐工序变得复杂，影响了产量，而且燃料浪费太大，于是改用木柴。

远古时期大宁盐厂以陶器煎盐；汉代以后则使用敞锅煎盐，这种敞锅是一种形似盆状的铁质器皿；宋代改用铁镬，这是一种大锅，一直沿用到清代。盐锅按其深浅大小分为大锅、小锅两类，小锅又分为马蹄锅、毛边锅、小盅锅、金圆锅、马锣锅。但使用最广的还是大锅，虽笨重、使用工序复杂，但出盐多、省燃料。大锅主要有双七锅、千斤锅、连边锅、镶锅等。双七锅又称大圆坦锅，重达七百公斤，故有"双七"之名，此锅主要用于煎制巴盐。千斤锅重在五百公斤，口径略小于双七锅，锅堂较深，使用时在锅沿边用草筋和石灰拌匀的辅料筑成高二尺的"围子"，这种锅专门用来制作花盐。镶锅是用来制作巴盐的特大锅型，通常是把一口镶锅安放在中央，周围用八至十二块铁板拼镶，锅沿砌锅边，煎制一锅盐要柴火不停烧四到五个昼夜，一锅可产盐四千斤。一次完成后要将锅内结成硬饼的盐用铁棍撬出，之后拆锅毁灶，重新安锅，二次煎盐。

锅，只是一个蒸发卤水的器皿，目的是煎盐。所以不管怎样的锅都是内装卤水，下面以柴火烧煮，水分蒸发殆尽，结晶的就是盐。

大宁盐厂的制盐虽然有着悠久的历史，但其在工业化的道路上似乎没有先进的技术改良。煎盐，就是在临近盐井周边的地上挖一个可以架设铁锅的大坑，坑的大小以架设铁锅后下部能容纳足够的燃料为标准。为充分利用火力的余热，最大限度地节约燃料，在独锅灶后开辟烟道，烟道尾部垒砌烟囱，并在地面的烟道上依次排列四到五口铁锅，内盛卤水，以使前锅熬盐，余热浓缩后锅的卤水，待前锅成盐，再将后锅卤水翻入前锅，既省时又省柴，这种灶被称为"牛尾灶"。

要大规模地熬制食盐，并不是直接把卤水熬干就能得到所需的食盐，整个熬制程序虽是土法但也讲究。敞锅熬盐的方法世代沿袭，但却都是口传身授，没有文字记载，没有绝对标准，那是盐工们用他们的一生或是几代人的血汗结晶出来的经验。不是教授，不是导师，他们只是"师傅"，但却能准确地把握"点卤""撑水""提浆泡""下盐种"每个关键火候的节点。

大宁盐厂所产的盐有巴盐、花盐两种。煎制巴盐一般用金圆锅、大圆坦锅、长镶锅、大圆镶锅。巴盐每煎完一次都要拆锅修灶，将锅抬入修好的灶上，用泥瓦状钢板卡在锅的边沿镶成"卤边"，再用渣盐沿锅边堆砌"假边"。制花盐的锅有千斤锅、大圆锅等。煎花盐时将锅抬上灶后，用草筋、石灰、卤泥拌和均匀的辅料沿锅边垒砌卤边，形成四至五寸高的"埂子"，

依旧居住在盐厂的老盐工在采访中回忆当年熬盐的苦难生活

与熬制巴盐一样，都是为了增加锅内卤水的容量。准备就绪，就要将提前储备的不同卤水按一定比例兑配，使其保持一定的浓度，同时还要清除卤水中的钡盐。煎熬时因受热卤水会减少，这就要不断添入新的卤水，这个过程火要猛，要迅速煮沸。待沸腾的卤水至饱和出现盐花和悬浮物及杂质时，即向锅内下豆汁、蛋清、梅子汁或猪血，利用这些物质的凝固作用吸除卤水中的硫酸钙等杂质。这个环节叫"提浆"，它是出盐质量好坏的关键。当卤面浮起一层泡沫和杂质时，要用长柄竹编的"灶筛子"打捞清除，使锅内即将成形的盐卤清澈见底，之后退出猛火，以小火煎煮，再之后以微火慢煨。待水面出现结晶的盐时，要向锅内下"母子盐渣"，其作用相当于"引子"，叫作"下盐种"，之后完全熄火。锅内的盐完全成品后铲出置于大木瓶中，由中间到周边均匀地淋透"花水"，花水是卤水久煮下豆汁后舀出的浓卤汁，这样静置十余小时，待水汽滴干即为成品盐，随可装袋出售。

从宋朝至明末，巫溪县总人口基本不足一万，而仅大宁盐厂一处却有"灶丁九百六十人"。因用木柴熬盐，伐运燃料的人数往往是熬盐人数的数倍，《洪武实录》记载："各省流民一二万在彼砍柴以供大宁盐井之用"。千人伐薪，万灶盐烟，经年不绝，白居易"隐隐煮盐者，漠漠烧畲烟"，便是伐薪熬盐的真实写照。砍柴工人能多达一二万，其煎盐规模也就可见一斑了。然而，生态环境迅速而严重的破坏，导致了地质灾害的频频发生。明嘉靖年间，钦差巡抚都御史潘鉴在《奏减盐课疏》中称：

看到每一步熟悉的石阶和每一处熟悉的石墙，再回盐厂的老盐工向我们讲述着他熬盐的当年

"昔年，近井皆柴木与石炭也，今皆突山赤土。所谓柴木与石炭者，不但在五六十里以外，且在深岩大箐中。"

"万灶盐烟"带动了社会经济的发展，促进了人类的历史进程，但其对环境和生态的破坏却是灾难性的。大宁盐厂自 1988 年停产至今，虽经植树造林和退耕还林，但方圆数百里内至今仍只是灌木丛。

运销管理

大宁盐场食盐的运销与后来陆续发展起来的全国各地的食盐产业一样，都经历了一个从无序到有序，再到无序又回到有序的过程，这个过程是漫长而复杂的。众所周知，社会结构的演变和发展总是从物质的掠夺和占有开始的。食盐是一种物质，而且是一种不可被任何物质替代的物质。从远古到近代，食盐的这种物质功能一直在社会的经济领域中发挥着极其重要的作用。当人们发现这种物质可以转化为经济基础的时候，无序的掠夺和占有就开始了，而这一时期的掠夺和占有是原始个体的，是社会公共的。国家出现后，掌握着上层建筑的统治集团要把这种无序"治理"为有序，从而将这种掠夺和占有高度地聚集在自己的手中。

从陕南流通了五千多年的大宁盐同样是在这样一条轨迹上运行的。在我国，盐资源的分布是极不平衡的，为满足社会需求，最大化地平衡物质分配，同时使物质财富聚为国家所有，春秋战国以后就推行了划定区域供给食盐。尽管不同朝代所划区域和管理方式有所不同，但这种分配方式的本质却一直沿用到了现在。就大宁盐而言，清初实行的是"票盐"制。那时，相比后来兴起的其他地区的盐业，包括大宁盐在内的周边地区的盐业生产规模都相对较小，盐产较低，加之巴山地区、巫山地区和鄂西北都是大山区，人口稀少，山路崎岖，供求量不大，所以不能行户部颁发的大引，只能由布政司填发盐票。以盐为业的商人叫"大商"，他们一张盐票为五十包，每包净重一百斤；盐贩子所填盐票，一张却仅有四包，他们持票到盐场购盐后自行运至周边地区进行买卖。票盐制的实行，使得国家严格控制了食盐的运销量和盐税的征收，但却从根本上打压了长期以来盐运的主力军——私盐贩子。这就使得各产盐区余盐不断累积，造成资本积压，民怨

大宁盐场公署1949年度食盐运输情形调查表

发售地点	销行省区	行销市县名称	市县数	盐类	运输情形	销盐情形
巫溪大宁厂	四川	巫溪、巫山	2	川巫花	商运	商销
巫溪大宁厂	湖北	竹山、竹溪、房县、长阳、巴东、秭归、兴山	7	川巫花	商运	商销
巫溪大宁厂	陕西	平利、镇坪、安康、白河、岚皋、紫阳、洵阳	7	川巫花	商运	商销

1949 年大宁盐供应地区

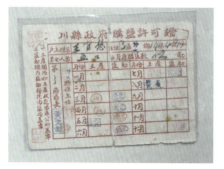

购盐许可证

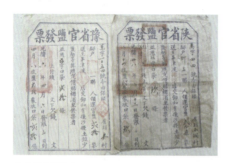

官盐领运发票

食盐税票

骤升。为解决这一问题,雍正五年(1727 年)"奏准简州余盐暂用照票行销",雍正六年(1728 年)又"奏准富顺余盐暂用照票行销",而且准许产盐区附近老弱贫民可以贩运四十斤以内的食盐自由买卖,无须盐票,也不纳税。

从雍正九年(1731 年)到光绪三年(1877 年),社会稳定,百姓安居乐业,人口快速增长,盐业生产也得以大规模发展,加之这一时期政府按照盐运路线实行"计口授盐"的办法,大宁盐的销售再次迅速覆盖了云南、贵州、四川、湖北、陕西、湖南的大部分地区。物质的流通带来了滚滚的财源,但日益丰厚的财源又变成了腐败的温床。从光绪三年开始,官场盐政腐败不堪,各个销区各自为政,盐税流失严重,市场开始萎缩。清政府又将商运商销的办法恢复到了官运商销。

乾隆三十年(1765 年),清廷战事又起,民间经济遭到破坏,而军饷军需又亏空短缺,清政府立刻把资金的来源放在了盐的利税上,开始实行"各地零星余盐尽数

盐运起始段辐射图

报官登册"，之后交给盐商代销的办法。这一办法即发给盐商印票（盐票），将各地已登记的余盐按印票盐斤数量交给盐商按区销售，数量多少不再限制，每斤盐按一厘八毫征收白银。同时，取消了盐场附近老弱贫民可以自由贩卖四十斤以下食盐的规定。这样一来，果然收入大增，缓解了战时的军需民食。

也就是在这样一种背景下，不交课税的私人盐井大量涌现，政府配额以外的余盐迅速囤积，票盐贩子一时猖獗不已，形成了官盐与私盐的利益之争。盐商要取得政府的盐票就得纳税，而私盐不交课不纳税，不仅价格低，利润也自然持高不下。无奈之下，盐商不得不抬高盐价，致使大多贫民无钱买盐而淡食，各地有劳动力者纷纷赴盐场自行采购搬运，久而久之，盐商运往各地的盐卖不出去，利益受到巨大损失。在国家无序、管理混乱的局势下，眼见政府无暇管理，势力大的盐商便自行组织起"缉私巡役"，即以自行组织的武装假借缉拿私盐的借口将盐票贩子（以盐票购盐的私盐贩子）作为"私枭"捕拿，从而阻挠私盐的贩运，以稳固和扩大自己的销售市场。一家盐商的"缉私巡役"获得实战性效果后，别家盐商也就纷纷效仿，这就激起了盐票贩子的群起反抗，武装对抗时有发生。票贩子长期走家串户，盐价便宜，群众基础较好，势力小的盐商争斗不过，大多逃亡别处。盐商一逃，地方官吏无法足额上缴盐税，害怕上司追究，只好任凭盐贩纵深发展，并将盐税摊派到地丁征收。当时，安康的盐税就是由地丁征收的。

总之，贯穿清朝的各个时期，朝廷对盐业的管理从未松懈，而社会矛盾却又从未缓和或终止。私盐生产和私盐运销的崛起，极大地冲击了官盐的管理和运销，政府依靠盐税强国安民的目标也大打折扣。无论怎样的措施和改革，民意才是引水的大渠。所以，直到清朝灭亡，食盐管理的弊端和运销市场的混乱仍旧没有得到根本性的解决。

川盐济楚

重庆市在没有直辖时与今天的四川省是同属一省的，所以无论是史书还是现代的盐业研究包括新中国成立后的各类作品，凡说"川盐"即指重庆和四川两地的盐。在我国盐业史上，无论是历史的悠久、产地的分布，还是产量的巨大，川盐都是名列前茅的，而大宁盐就是其中最为重要的组成部分。至于后期发展起来的那些海盐、淮盐，湖盐，以及再后来各地所发现的矿盐和岩盐，相较川盐都已是后话了。

川盐不仅以其产盐的历史久远、分布点多、产量巨大著称，而且两次"川盐济楚"都在中国社会进程的史册上写下了不朽的篇章。

食盐的原始公有制，延缓了食盐的国有化和管理的法规化。早在远古，盐源地的人民只是熬盐自家食用，但又因其稀缺便演变成为进贡朝廷的贡品。再后来，食盐又作为最珍贵的礼物赠送亲友。也就在这礼尚往来的过

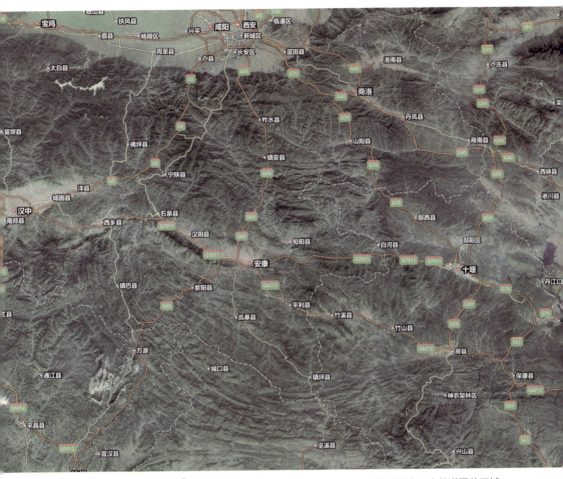

抗战时期秦巴古盐道覆盖区域

程中，以盐易物的方式在民间无意识地形成了，且范围在扩大，方式在变化。久而久之，人们在以盐易物的过程中发现了利润，于是占有盐资源便自然成了财富积累的基础，强弱相凌成了日益严重的现实，并最终演变为战争。那时的社会结构是个体的、松散的，家族势力大的占有的就多，势力弱的就占有的少或没有。面对财富不均和打斗不止的矛盾，族人们便实行公议的办法来进行资源的分配，这恐怕是最早的不是盐法的盐法了。这种遍地生烟、户户煎盐的现象并没有持续多久，大户就把小户吞并了。夏末商初，国家开始对盐业生产和销售实行合作式的管理，盐灶布点减少，作坊规模扩大，生产效益得到大大提高，财源也就滚滚而来。

夏、商、周三代中国还没有完全进入成熟的国家阶段，但一直依靠民众供养食盐的贵族却发现了食盐所潜在的暴利，于是周天子开始设立盐官。及至春秋，法家崛起，齐相管仲率先提出了"利出一孔"的思想，并极力说服齐王，对食盐实行官办专营，一时间齐国盐价猛高于他国数十倍，国家财政迅速强大起来，这为齐国终成霸业创造了条件。齐国的举措令其他各诸侯国纷纷效仿，各地盐价飞涨，食盐的官办就此开始，到秦汉已基本走向了成熟。尽管各国都为食盐的专控绞尽了脑汁，但巨大的利益空间却始终未能阻止国家和个人趋利而进的步伐，在新中国成立前的数千年中，食盐的生产和销售历经了多次的改革和立法，但本质上一直都还是国家和个体合营的。特别是那些盐商巨头，他们几乎操控着国家一半以上的食盐产销和经济命脉。就川盐而言，即便到了清朝，食盐的产销也还掌控在李四友堂、王三畏堂、胡慎怡堂和颜桂馨堂四大巨头手中。随着盐源地的大面积出现，各地盐商都希望自己的食盐能尽快转换成金银或钱币，食盐销售地域的争夺出现了。为强化国家专控，解决国家、盐商和民间围绕着盐业而交织的多重矛盾，清政府开始实行引岸制度，即以各地产盐区为中心，按区域划定供盐商，所产食盐不得越界销售，凡越界销售者一律按走私食盐处置，这样食盐产销秩序才在走过几千年的历史后真正趋于制度化、正规化、法规化。

在清政府的引岸制度下，湖北、湖南及其周边州县被划归"楚岸"，军需民食全由淮盐供给。而这一地区地广人多，且素不产盐，一直以来都是淮盐的主要销售地。1851年，中国近代史上一次大规模的农民起义爆发了，并建立了太平天国。咸丰三年（1853年），太平军建都南京，清政府的食盐引岸制度在这里遭到破坏，淮盐无法运抵湘鄂，原来划定由淮盐供养的湘鄂地区出现了空前的盐荒，社会开始动荡起来。为稳定局势，接济民生，尽快填补国家盐税的亏空，清政府饬令"川盐济楚"，而且放开了长期官办官运的约束，无论官民，只要就场纳了官税就可自由贩运买卖食盐。这样，长期被淮盐占领的湘鄂市场自然让给了川盐。这一时期，四川的各个盐场，特别是自贡、大宁盐场得到了最大的发展空间，无论是生产规模、技术革新、质量提升等都走向了新的成熟。

大宁盐场是与湖北、陕西接壤相邻的产盐区，自古以来整个鄂西北和陕南的食盐供给都是由大宁盐场完成的。远古时期，位于陕南镇坪县的盐道是大宁盐入陕西走湖北的唯一山道。秦汉以后，各地兴修栈道，开通山区各种道路，以备生产生活和商贸军旅之用，于是通往鄂西和重庆市城口县的多条盐道就在这一时期打通了，盐运的瓶颈得以解决。到了抗战时期，重庆是国民政府的所在地，自然成为日寇的攻击重心，而湖北的中东部地区又全部沦陷，曾经的许多盐运路线被切断。于是，镇坪古盐道又肩负起了第二次"川盐济楚"的重任。所以说，镇坪古盐道不仅对我国中央腹地的社会贡献是巨大的，而且在抗战时期的华中战局中也起到了至关重要的作用。

1937年11月，国民政府西迁重庆，作为华中重镇的武汉自然成了全国抗战的中心。为"尽快解决中国问题"，日寇集中了三十万重兵企图迅速占领武汉，并以武汉为据点，打通长江航运，直逼重庆。那时，自湖北襄阳、宜昌、荆门一线以北的广大山区交通十分闭塞，没有公路相通，更无铁路，长江是通向重庆方向的航运大动脉。为瓦解国人斗志，削弱国军的战斗力，从而赢得长江航运的主动权，日寇一方面严密封锁了通向国统区的一切给养，一方面加紧了沦陷区的经济掠夺。同时，日寇最高指挥长冈村宁茨不断向湖北战场增兵，声称要尽快解决中国问题。为保卫重庆，驱逐倭寇，枣宜会战中张自忠将军率两千余人亲上战场，以身殉国。陕西将领胡琏率部与敌血战，誓死守卫长江要塞石牌，当陈诚电话问其石牌战况时，胡琏说："胜利虽无把握，抱死则有决心。"中国军人以泣鬼神的大义和豪情力战数月，尽管国民政府立即重新划分了战区，组织了武汉会战，但终以失败而导致了武汉沦陷。至1940年，湖北中东部全部沦陷为日占区，只有鄂西北和大巴山北部的八十余县还在国民政府手中，成为相对"太平"的国统区大后方。在这场空前的战役中，在国家生死存亡的关头，为保障军民所需，国民政府下令鸡心岭下的大宁盐场扩大规模，昼夜煎盐，以供战区，陕南盐道便成为一条昼夜兼程的食盐供给线。

其实，早在武汉会战不久，军队和地方的囤盐就已用尽，而自贡盐要完全依靠人力运往战区面临着道路被封锁且太遥远的困难，故而国统区数千万军民所需食盐则完全依赖于大宁盐场一地了。由于产量有限，保障军队的用盐更是现实的首要，所以即便盐厂周围的民众也是无法弄到食盐的。几个月后，民间出现了前所未有的盐荒和大规模的人员浮肿、死亡。惨烈的战斗历时数月，战区不乱，后方稳定，经过侦察，日寇才发现了陕南鸡心岭南坡下的山谷之中竟有盐场。1941年8月8日上午，一架日机飞抵盐场上空盘旋侦察，下午1时许，七架日机以前三后四的编队飞抵盐场上空俯冲轰炸，在占地仅两万多平方米的盐场上空扔下了三十五枚炸弹。这次轰炸虽对盐场造成了一定损失，也死伤了数百群众，但因盐场是沿后溪河两岸依山而建的，加之两岸近乎垂直的高山遮挡，盐场很快又恢复了生产，从而保障了抗战的长期需要。从某种意义上讲，这条蜿蜒在崇山峻岭中的古盐道也为抗日战争的最后胜利做出了特殊的贡献。

第四章　盐夫的百味人生

古盐道，交织着心酸与浪漫，承载着希望与情缘。它是商道、情道、赌道、兵道、匪道的集合，又是人流、物流、信息流交汇的长廊；它是历史的物证，是中华民族征服自然、挑战自我的精神象征。我们追寻古盐道的昨天，意在追寻我们的人文之根，试图去传承我们这个民族灵魂的基因，以期补充我们今天所需的民族精神钙质！我们无须怀念历史，但必须记住历史，因为历史是现实的母体。

先民们带着追梦的希望去寻求通向幸福的路，于是，有了盘错于秦巴山区的盐道。这一生命之道，沟通了南北大地，催化了社会进程。这一精神之道，沉淀着历史的重叠与生命的张力，记录着人文精神的真谛和古朴的文化元素。行于盐道，恍如在梦境中走进了那个神秘的寓言，厚重的历史文化令人窒息，挑战生命极限的民族精神让人震撼——这并非路，分明是五千多年来的盐夫们用他们的血和泪所浸染的千古绝唱，是一代代盐夫用他们的铁肩和草鞋铭刻在这片土地上的生命的记忆！

盐道情仇

在重走古盐道的日子里，我们有幸采访到了陕、鄂、渝健在的二百多位老盐夫。他们是最后的一代盐夫，是中国盐运史上的活化石。聆听着他

内倚绝壁，外临深渊，用木桥连接的盐道

们搏击命运的盐运故事，凝视着他们写满了历史风霜的满脸沧桑，从他们眼眶的泪珠中，你会不自觉地走进那个时代，走进盐夫的生活，将自己融化在那苍凉的古盐道上。

盐运，有挑和背两种。民间戏谑地称挑盐人为"挑老二"，背盐的叫"背老二"或"盐背子"，但无论怎么称谓，他们都是下苦力的、运盐的，所以他们有一个共同的称谓叫"盐脚子"，我们则尊称其为"盐夫"。

盐道，是盐夫的生命；盐夫，是盐道的灵魂。在长达数千公里的盐道上分布着几百处驿站，一个地域的盐夫将食盐运达一处驿站，一次运输过程便随之结束，另一地域的另一批盐夫则接着运往下一驿站。就这样，先民们如同接力赛一样将大宁盐源源不断地运到了秦巴地区每一处炊烟升起的地方。到 1949 年 12 月，大宁盐仍然沿用着这种原始的劳动方式供养着秦巴大山深处十七个县的人们，一直到 1972 年。自古以来，驿站之间的距离都是依据城市和大集镇的变化而变化的，它们有的相距二三百里，有的则相距五六百里。

　　盐夫，有专职的和业余的两类。专职的是盐商雇请的盐运长工，他们一年四季往返于盐道，一路吃住由雇主负责联络和开支。大山深处，除了盐道的艰险，土匪的烧杀抢掠，毒蛇猛兽、洪水滑坡等自然灾害也是频频发生的，无论是坠崖身亡还是生病去世，雇主是不负责任的。他们以自己强健的身体为资本，用赚得的力气收入养家糊口，他们是盐道上最彪悍、最艰辛、最团结、最没有人身保障和自由的群体。挑多少，走多远，吃什么，住哪里，都是老板决定的。这一群体的优势是有战斗力，加之雇主的社会地位和一路打点，军警、税警和土匪也要承让三分。但悲哀的是一旦摔死、病死则大多都会被抛尸荒野，而生病的、致残的则被老板抛弃在了路途中。业余的则是一村一寨或一族选派一至两名壮汉挑回盐来分食，各家或以玉米、大豆、小麦、兽皮、药材等兑换（四十斤上等粮食兑换食盐一斤），或以劳动力兑换（两个壮劳力劳动一天换一斤盐）。这种业余的挑盐人往往是和邻村邻寨的挑盐人相邀结伴而行，一行人少则七八个，多则几十人。这样的队伍都是相邻或亲属，对外有一定的震慑力，达到了自我保护的目的，对内团结和睦，相互照应，发挥了团队的协同作用。当然，也有"耍单"的，即一人单干。但这种人必是强劲勇猛、胆大心细的，否则，逃不过一路的处处陷阱和无处不在的灾难凶险。这种人抱着侥幸一搏的心理，只在农闲时节偶尔挑回盐来走村串户，兑换针头线脑、麻油铁器等物资以供自家所需。这种耍单人大多是有去无回的，但高额的利润诱惑总也阻止不了那些"勇士"的脚步。是的，因为那时私盐的利润是官盐的二十六倍，一个五口之家，若一年能冒险挑回二百斤盐来，那这一家全年不用任何耕种劳作便是小康日子了。

　　盐道，蜿蜒盘错于永远也没有尽头的高山峡谷之间，每一步、每一段都暗藏着不可预知的凶险。万山老林，千里盐道，万丈深渊，滚滚激流，每一步都在鬼门关前跋涉。在这广袤无垠的密林深处，许多地段几十里，甚至上百里没有人烟，一万多土匪、各种毒蛇猛兽、专抢路人的地痞、

沧桑的古盐道

正牌的或冒牌的军警税警,如幽灵般活动其间,盐夫是他们共同的"猎物"。山区恶劣的生存环境,风霜雨雪,暴雨洪水,自然疾病,无时不在挑战着每一位盐夫的生命。在五千多年的盐运中,在这条养育了一代代秦巴儿女的盐道上,摔死的、病死的、打死的、杀死的盐夫不计其数,留下了永远也无人知晓的孤魂野鬼。以致在今天的陕南,老人去世不叫"死",而是说"背盐去了";乡间男女骂俏,女方不敌时,会狠狠地说对方"你要去背盐的";老人年岁大了请工匠做棺材,称作做"盐窝子"。

在征服自然的过程中,针对特殊的劳动和特殊的道路,盐夫们创造出了特殊的盐运工具:弯扁担、高肩打杵、桩儿背、矮打杵。

弯扁担是用深山中树龄在三十年以上的岩桑树制作的,初丕成形后两端向下坠重物,中部用树杈或物件做一拱形支点,再用木炭火烘烤,并不时用烧开的桐油均匀擦拭,直到定型。扁担两端间距三尺三寸,反扣地面中空一尺八寸,重八至十二斤。这种扁担韧性好弹力强,承重三四百斤,

背盐使用的矮打杵

内倚绝壁，外临急流的古盐道

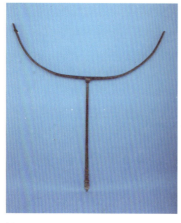

盐运工具——弯扁担

盐运工具——高肩打杵

伴着脚步的速度上下忽闪，省力又安全。垫肩内充填獐子毛，透气漓汗，五层折叠，长五寸，宽四寸，厚六寸，盐包一挑扁担刚好与耳门齐平，垫肩前缝正中垂一条一尺六寸长的绳索，穿一串铮亮的铜钱，下端配一色彩艳丽的饰品，大气而好看。

高肩打杵的顶端是一银锭形木制"打杵帽"，帽下为一上细下粗、质地细腻、硬度较大的直木，与挑夫肩膀等高，打杵杆底端三道铁箍固定下端铁锥。间歇时用力将打杵戳入地表，扁担支于打杵上，用手扶着即可，既稳妥又方便，行走时打杵下部铁锥可以破冰探路，当作拐杖，遇土匪时则是防身武器。但这种工具的弊端是行于槽道、栈道和崖砭道时，前端易与崖壁碰撞，盐翻人亡。而往往这种道路都是极陡极窄的上下坡，一般距河谷垂直高度在十至七十米之间，一旦发生意外，几乎没有逃生的可能。使用这种工具挑盐的必是身材魁梧，力大无比的。于是，盐夫们在劳动中发明了"挑认肩"，即行走在这样的道路上时，扁担要挑在外肩上，一遇不测，第一反应是扔掉工具和盐包。

桩儿背是背盐的专业工具。它必须用巴山深处的金竹（竹子的一种）划成细细的篾条密密编织，金竹韧性好，有弹性且不生虫，承重三四百斤

背盐的背篼——桩儿背

也不会变形。桩儿背一般高二尺五寸，上口为扁圆，横向直径八寸，纵向一尺，腰部略方，直径约五寸，底部以较宽较厚的篾块编织成长约六寸、宽约四寸的长方形，既耐摩擦又可借岩坎斜坡直接放下盐包小憩。盐包置于上部既上肩又省力，中部空出部分可放干粮锅碗或一路盘缠。

矮打杵为"T"形，上部横木一尺二至一尺四，上部刨平，下部半圆，中部凿眼，下部直木做公榫连接，底部三道铁箍固定铁锥，高至臀部，也有用山中自生的形如"T"字的木材制作的。打杵成型后用山中生漆仔细漆过，再将桐油烧开刷三遍，这种打杵不怕水，不生虫，不变形，结实耐用。当路边有自然生成的可以放置盐背篼的岩坎时，背盐人则可以将背篼放置而离开休息，但盐道上可以这样享受的条件并不多，大多时间都需用矮打杵来代替那种岩坎。间歇时，将桩儿背置于矮打杵的横木上，盐夫只用身体支撑背篼不致倾倒即可，行走中也具有高肩打杵同样的功能。

盐夫们负重三四百斤食盐行于盐道，整天大汗淋漓，毛巾是不能擦汗

边耳草鞋——走盐道唯一可穿的鞋

满耳草鞋

棕袜子，冬季内穿棕袜子，外套满耳草鞋，再套脚码子

脚码子

的，那样会把骄阳炙烤下的脸擦破擦烂，一旦感染后果是极其严重的，所以要用削得极为光滑的竹片做成"汗刮子"刮汗。盐夫们夏天穿边耳草鞋，冬天穿棕袜子外套满耳草鞋，背盐一趟，至少要带两双草鞋，但无论冬春都要在脚腰上套上脚码子。这脚码子是一种形同马鞍的铁制品，底部有四个铁钉，防滑效果极好。尽管如此，可每逢冰天雪地之时，盐倾人亡者仍不计其数。这又衍生出一种新的"职业"——背尸体。这类人胆大力大，多住在江河边或悬崖下，他们受雇主所托收人钱财，或将水中淹死的盐夫

打捞上岸，或将摔死的盐夫背到山顶，其收入往往都是暴利。

前往盐厂时盐夫们要精确计算往返的天数和途中住店、搭伙（各盐夫将同一类粮食做在一锅）的次数，之后将玉米面分装于一个个小布袋，每袋为一顿口粮，袋内置竹片、树皮、布条等作以标记。因道路艰险，加之盐夫们挑背有兑换食盐的兽皮、药材、桐油等山货，所以即便一顿口粮也倍感沉重，故称其为"沉土"，一袋为一个沉土。在去往盐道的途中每过一店便卸下一个沉土寄存，最后的一个要刚好距盐厂一天的路程。就这一点，对于初次走上盐道的生手就是一种考验，即便是常年奔走于盐道的老手也有失算的时候。因为不管怎样去盐场时的负重总比回来背挑着食盐要轻松得多，加之在盐厂兑换食盐时又休息了一两天，精神和力气都恢复了起来，装盐时便极力多装，可一旦上路体力便一天不如一天，后来往往赶不到寄存沉土的地方，只能露宿荒野且无食物，这种人大多成了土匪或野兽的猎物。

盐厂是巴山深处的"大上海"。白天，各地商人云集，收购着盐夫们从四面八方带来的各种山货与特产。讨价还价、装船卸货、换盐购物、呐喊吆喝，嘈杂中透着一片繁荣。夜晚，两岸渔火，一江帆影，宝源山下煎盐的火光映照着天空，戏楼的高腔弥漫在峡谷的雾气里，昏暗的街道上活跃着各路幽灵，小偷们忙碌着，抢劫者奔跑着，烟馆在招手，妓院在吆喝，赌场在呐喊。这一切无不将盐夫作为他们的终极目标。有民谣曰："大宁厂，崖对崖（方言，ái），男人女人都打牌（麻将），男人输了卖铺盖，女人输了仰起来（娼妓）。"挑盐的，均为青壮年男子，常年在外，缺了管束，掉进诱惑陷阱的屡见不鲜，所以有人总结道："生死盐道，不怕贪官酷吏，最怕青楼赌坊。"既去盐厂，谁不带足了本钱和盘缠？可仅盐厂一地就常常使许多盐夫血本无归，有的甚至命殒他乡。

盐厂以篾袋装盐（成本低，不易腐蚀），每袋一百斤（十六两秤），称之为"一坨"或"一个肘子"。盐夫从盐场往返安康一趟需二十五至二十七天，湖北房县需二十到二十二天，竹山需十八至二十天，故而每个盐夫装盐时无不穷尽所能。专职盐夫一般都装三坨以上，最多的可背五坨。超重的负荷，体力的透支，使盐夫们每天的行程越来越短，但就是拼命也得赶到来时寄存"沉土"的地方，否则，就会像非洲草原上落单的角马，无吃无住那是幸运，土匪暴打一顿抢了盐，当地收"盐运保护费"的地痞若无财可掠还会扒了盐夫的衣服，夺盐杀人那也是常事。所以，盐夫们无论认识与否，无论来自何方，都是团结而友善的，他们结伴而行，相互关照。每逢悬崖岩砭、沟溪木桥等危险路段时，大家都会等到同伴安全渡过再一路同行，而体力弱，负重大，在此险路又有明显的危险因素存在时，众盐夫就会主动上去前后搀扶，有的干脆接过盐来运过险关。在以命相搏的盐道上，疾病、掉队、外敌、凶险等危及盐夫生命安全的一切因素都凝聚了盐夫们那种团结和豪气，以致今天秦巴地区的民众仍保留着一种外界所难以理解的大度、包容、友善、诚信、义气的传统，并在今天的社会仍保持着一种良好的民风。

有的盐夫从盐场出发时高估了自己的体力，常常要背三四百斤盐，当行走一两天后才发现已力不从心，不得不一路倒卖多出的部分。于是，盐道上又出现了专门的收盐人。他们跟随着盐运的队伍回收着那些需要减轻重量的盐夫的食盐，当收购到一定的数量后他们就会离开盐夫的队伍，独自走村串寨，换取实物，再将实物倒卖至其他村寨，从中赚得最大化的利差。这种乘人之危的收购往往比盐场买盐要便宜得多，而且省时省力，所以从事这种职业者越来越多，内讧不断，强食弱肉的暗杀和暗算事件就屡见不鲜了。他们混进盐夫的队伍里，也在盐道上一起住店，可当别人都熟睡后他们便开始了不能见光的勾当。一是巧取：用五六寸长大拇指粗的山竹一破两开，将削尖的一头锥入别人的盐包，白花花的盐便顺着竹笕流进了自己的口袋。为掩人耳目，每袋只能放出两三斤，一排过去，几十斤盐就据为己有了，而且只要将竹笕插过的地方用手一抹，口子便弥上了，不漏盐不留痕迹，瞒天过海也就成功了。二是栽赃：半夜之时，将自己或别人的物品藏匿于另一盐夫的行李中，第二日，当这个盐夫已走远后，或自己追

峭壁边的小道

上去，或提醒别人丢了东西并积极分析线索，之后显示出极大的热情一同追上去，接下来便是"私了"。这种做法比我们今天的"碰瓷"要有效得多，因为这种事一旦张扬出去，一是不能再混盐道，二是犯了众怒，三是耗不起时间，明知是陷害也只能吃个哑巴亏了。久而久之，中套的人有了经验，总结出了特殊的应对策略，即"早上出门摸三摸，歇气开步望三望"。如此一来，这种偷窃欺诈的假盐夫再无容身之地了。

盐夫的生活是极其恶劣的，任何食物都无法在长途跋涉中保质使用，唯有玉米面做的"盐背子饭"能解决这一问题。这种食物是将适量的水烧开后，将玉米面直接倒入水中，扣紧锅盖，文火焖蒸，待浓烈的香味溢出时，开锅用筷子或树枝炒拌，以使玉米面均匀"吃水"，再周围淋水焖蒸，重复二次即可。这种饭食虽难以下咽，但它耐饥耐渴不上火不结肚，而且可装入布袋随身携带，边走边吃，三天以内不会变质。

那时的"盐店"不是现在"商店"的概念，而是供盐夫们吃住的地方。开店的都是盐道边的农户，大户可容三四十人，小店仅容五六人，而那时的盐道几乎胜过了今日国道的繁华，农户多沿盐道居住，故而盐店随处可见。说是盐店，可店主所能提供的也仅仅只是锅灶和木床而已，尽管盐店比比皆是，但根本满足不了"日常数千人"的食宿需求，如果来时没有"预定"，那就只能风餐露宿了。所以，盐夫们终年是不可能有菜吃的。为补充体力，解决吃菜问题，每到深秋，农妇们便忙着收藏萝卜缨。她们将萝卜缨洗净晾至半干置于簸箕或"堂窝"内，撒上适量的盐，轻轻揉搓至软绵加入辣椒面、花椒粉再腌制一两天，有条件的人家还会拌入适量烧好的菜油，之后将腌制好的萝卜缨一根根整齐地按照头尾理顺，再用细线捆扎成把，每把捆多少根要视在路上行走的时日和萝卜缨的大小而定，出门时放入背篓或布袋，这种佳肴是不能像沉土一样寄存的，因为那样会不翼而飞。吃饭时，抽出一根来时而嚼上一口，心理上有了家的幸福，味觉上有了菜的满足。大方的盐夫有时也会拿出一两根送给旁边的盐夫分享，这在当时的环境下已是莫大的人情了。

　　秦巴山区森林茂密，河流广布，凡是水深流急的地方都需架设木桥，淳朴灵巧的当地工匠就用上好的木材精工细琢架设一种叫作"凉桥"的木桥，以为南来北往的外乡盐客提供渡河及食宿的方便。凉桥，是盐道上特有的产物，所以任何史料和书籍均无记载，工匠们都是上辈口传身授而沿革着这独特的技艺，其名称也是盐夫们根据桥的特点和功能命名的。这是一种形似回廊的木桥，粗大的圆木架设于两岸石垒的桥墩，上铺平整的木板，两边立木柱，并做成雕花廊坊，顶部再用合缝的木板盖成"人"字形斗棚，之后皆用桐油油过，河宽时，中部可设多个桥墩。这凉桥既可遮阳避雨，又可席地露宿。夏日，跋涉一天，桥头的野地林下垒石支锅，饮罢已是天黑，倒于桥上睡去，既凉爽又节俭，还免去了众多盐客跻身一店的汗臭和店钱。黎明醒来，就着清泉将脸一抹，锅灶全在，再次将炊烟升起，吃罢将锅碗放于背篓，上架盐包，继续前行，心中想着下一处凉桥的所在，盘算着又一天的路程。出门在外，常年奔波，这一来二往倒也省了许多银子。明代杨琚《过水坪》一诗描写道："山巅云起日初辰，山径霜清绝点尘。林下支锅炊饭客，道旁背篓贩盐人。白崖岭峻藏风洞，碧涧泉音露石垠。跋涉不知残腊尽，劳动宁复计冬春。"

　　背盐、走路、住店，是盐夫

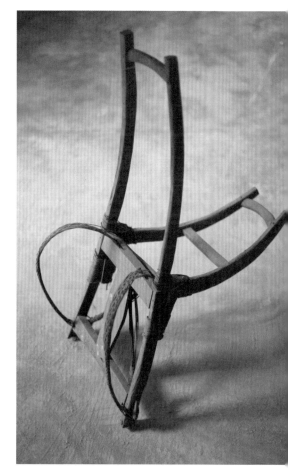

盐运工具——背夹子

们终年不变的日子。无论行走多少时日，盐夫们是不存在刷牙洗澡的。盐店的床有两种，一种是"通铺"，用自然的树杈栽于地下，杈上架树干，上铺山竹，再铺干草，最上一层便是粗糙的篾席。床的大小则视店家房屋空间而定，一般都是一大间房内设两排通铺，每排两边齐土墙，只留中间窄窄的过道，以最大限度容进盐夫，所以床腿都在八到十二条之间。即便是在店内住宿，可除冬天有象征性的破烂被子外，大半时间是不盖被子的。盐夫们完全是裸睡，头和身子整齐划一地朝着一个方向，一是臭脚互不影响，二是呼吸的恶臭互不干扰，三是大家都睡好后便于老板统一盖上被子，因为一个通铺往往需要三至四床被子才可拉满。时值冬春农闲，运盐队伍猛增，加之室外已难以露宿，店家通铺便常常爆满，后入店者无处安身，老板就取一拳头粗细的竹竿插入冰冷的水缸，选个有缝的地方插去，左右受冰的人本能地向左右一挪，后来者便乘势而入塞进缝隙，所以盐夫们睡觉是不翻身的，也是不怕蚊虫叮咬的，一来太累，二来太紧。另一种是较大盐店设置的"磨盘床"，即在房屋中央置一粗大的木柱，用木板围绕木柱离地五六十厘米高做一直径近四米的圆盘，周边用木板接地包围，床板之上铺上稻草编织的帘子，篾席也是按照磨盘床的尺寸定做的，人睡其上，脚蹬木柱，扇形排列，上半身空间较大，通透凉爽。能睡这种床的自然是有钱的，因为这已经是盐道上的"雅间"和"席梦思"了。

尽管盐道上的各家盐店都想尽了办法，用足了空间，但部分盐夫仍旧是没有床睡的，他们或栖身于道旁农户的屋檐下，或在农户家的火炉边围坐一圈烤一通宵的转转火。火炉，是山里农户在地上挖一个圆形或方形的土坑燃烧粗大的圆木取暖的设施。山里农户房屋有的为土墙，有的是将圆木一破两开直立并用横木条固定的，故而四壁通风，虽有大火取暖，但背火的一面却是透心的凉，故有"前头烤煳了，后头冻木了"一说，于是就有了"烤转转火"。

陕西安康八仙镇有个最大的盐商蔡逸之，手下常年有二十多人专门给他挑盐，因人多又常常无店可住，他取下店家门板用两条木板凳一支，自己平躺上去，脸上盖一张火纸，意为他死了，让大家拿着锅碗瓢盆围着他唱丧歌。平日里都是为老板下力，现在他"死"了，盐夫们自是高兴，唱词多为咒骂老板和挑盐艰辛的。老板是"死"人，自然不说不动直到天亮，任凭大家骂个痛快淋漓。后来，这"打活人锣鼓"便传了下来，并赋予了巫文化的色彩。在缺医少药的20世纪70年代前，山里部分人因长辈年岁已高又重病缠身，便将为老人准备的棺材置于木凳上打丧鼓唱孝歌，意为老人"死"过了不会再死了。

当时盐厂实行"就厂纳税"，厂方征税后才可装盐，这是国税，之后是地方税、警征税，方可出厂。走到鸡心岭南坡下的龙泉又是一道出关（出四川）税，过鸡心岭后又加一次入关（入陕西）税。当然，以后每过一个区域的地界这出关税和入关税都是必不可少的，这些都是有名目的。沿途还有冒充税警征税的，多处地痞收"保运费"的，这倒也算"光明磊落"。最可怕的是鸡心岭一带的一万多土匪，他们有枪，专靠抢盐为生，一旦遇上或被洗劫一空，或被取了性命。一条盐道，一路盐夫，养育多少生灵，混杂几多鱼龙？因此，一条盐道，形成了一条千丝万缕的社会纽带。盐夫们仰仗着店主和沿途会馆的周旋与保护，店主和会馆又依靠着盐夫而生存，官吏们则仰仗着盐运而中饱私囊，就是土匪也是既抢盐夫又保盐夫的，不到万一他们也并不滥杀无辜。可以说上至官吏下至百姓，大凡生存的产业无一不与盐道相关，就是妓院也是因盐而兴起的产业。

盐夫们病死、摔死在途中是常见的。八十四岁的石从秀说："我妈和嫂子在鸡心岭脚下开盐店，我那时有十六岁，在店里帮忙。一天，别人说沟底有个背盐的死了，我和嫂子去一看，盐泼了一坡，人都长蛆了，我们向过往的盐客打听，都说不晓得。我们把房县的、竹山的、八仙的、安康的盐客都带去看，又都说不认识，我和嫂子就在旁边挖个坑埋了。我们开盐店的那些年，我们家一共埋了四个人（盐夫），都是没得人认尸的，到现在都不知道这些人是哪里的，有人认的人家都弄走了。"八十五岁的老盐夫庞右军说："那年下大雪，我背了三个'肘子'，刚过鸡心岭不远，脚下一滑，连人带盐就滚下山了。庆幸的是半坡上一丛树把背篓挂住了才救了我一条命，盐没了，腿断了，过了大半年伤好后因为没有生活出路还是只有去背盐。"

盐道也是浪漫的。镇坪曾家镇宏伟村八十六岁的老盐夫敖全提说："我这个家是我挑盐挑出来的。那年我十七岁，挑盐往返都要住瓦子坪凉水井那个店子，老板娘的女儿人勤快，很善良，长得又乖，我就喜欢上了。可我一个挑盐的，哪敢说啊！后来几次往返我们又都住在了那个店，那时吃饭用的是很大的土窑碗，有一次我趁她给我双手递饭时一下连手带碗捧着了，她猛一抽手，红着脸气愤地说道，'看你人蛮好的，可出门人连点规矩都没得'。一路上我没有一句话，心里老是这姑娘的影子和声音，师傅知道后就帮我提亲，我真是做梦都没想到，成了！我们就在镇坪安了家。我这辈子最幸福的是我们没红过一次脸、吵过一句嘴，现在都儿孙满堂了。虽然那时挑盐吃尽了人间所有的苦，可比起我们一路的挑盐人，我是幸运的、值得的。"

盐工的苦难

自闭和自足是人类本能的、致命的两大弱点，当我们拥有了丰厚的物质而生活在衣食无忧的环境中时，这种环境得来的过程便慢慢被遗忘了，这正如忘记了食盐的来历和盐道一样。今人对于食盐的珍稀与昂贵，以及它和国家命运、民族存亡的关系并无概念，因为它太多太便宜。而在中国五千多年的食盐发展史上，即便是到了 20 世纪二三十年代，一斤盐仍可兑换上好的四十斤大米或大豆，农村则可以兑换两个身强力壮的劳动力，山区可兑换一张成年的黑熊皮或豹子皮，而秦巴地区的长者们至今也不会忘记常常拿着汤勺向邻里借一勺盐的尴尬，这种现象一直持续到 20 世纪 70 年代末。究其原因，一是古代盐源地的发现还极其有限；二是虽然在近代发现了大量的盐源地，但落后的生产技术尚无法达到社会需求的产量；三是当时的制盐成本过高；四是新中国成立前统治集团的垄断与专控；五是秦巴山区交通运输的闭塞。在食盐供求矛盾异常突出的旧中国，高额的食盐利润又驱使着盐灶统治者不断改进生产技术，延长作业时间，降低工人劳动和生活成本，超负荷地加大盐工劳动强度，从而获得最大的利润空间，这就使得盐工和盐夫一样，成了利益的最终榨取者，从而生活在水深火热之中。

要了解盐工的劳动和生活，我们首先要初步了解制盐的工艺流程。其实，一直传到今天的"大宁盐厂"并不是今人理解的具有一定规模的生产工厂，它是对整个产盐区的统称。在大宁产盐区仅两万多平方米的土地上，密布着数百处煎盐作坊，它们分属于不同的主人。所以，大宁这一隙峡谷造就了解放时秦巴地区最大、最多、最集中的资本家，而土改时期对于他们成分的界定则是以他们拥有的煎盐锅数来确定的。

一灶即为一个作坊。这个"灶"也不是我们今天广大农村概念中的那个灶。而是在平地上挖一个宽八九米、长十七八米的地槽，地槽中间用土砖分隔，砖与砖之间形成孔洞以利热量接收，平地面便一溜两排安放六

垮塌破败的盐灶

曾经盐厂最大的资本家

至八口大铁锅，这就是一个灶。灶的最尾端砌一管道式烟囱，烟囱的尾部连接在一个深十五六米、口径五六米的方形卤水池下面。这样，煎盐柴火所有的热能就会被利用得淋漓尽致。

最早时期的卤水是原始的共有资源，哪家有势力有人力就可随意取卤煎盐。随着需求的扩大和运输路线的延伸，利益成为争夺的焦点，占有资源就占有了财富，强弱相凌的社会矛盾便日益激烈起来。到北宋，知监雷说才始创了分卤法，即在卤泉下方修一大型卤池，卤池外沿用一均等钻有多孔的厚大木板拦住卤水，使卤水只能从孔洞中流出，之后按照孔洞分配到各户。一般四五户人家共用一孔卤水，人们用一根根修长的竹子连缀成长长的管道，沿途又于各户便利的地方在管道上开孔分流，豪夺的矛盾得以缓和。然而，私欲的本能是无法调和的。为增大水压，获得更多的卤水，有人趁着夜色用杂物去堵塞别家的管孔，以致上仿下效，打斗日盛，分卤法的意义大打折扣。经过观察人们发现木制的分卤挡板经卤水浸泡后会变软，而且两年就得更换一次，这不仅给那些堵塞卤孔的人创造了条件和借口（挡板自身腐烂的木屑和因为木板变软而流进引卤管异物），也十分浪费人力物力。到20世纪30年代，人们将木板改为铁板，鸡鸣狗盗之事才得以遏制。如今，盐烟尽散，只留下满池清澈的卤水从六十九孔的铁板上静静地流入后溪河。

　　作坊内摆满了晒卤用的直径在两米以上的木缸和木盆，工人用竹笕从分卤池将卤水引入木缸，经日照晾晒蒸发，卤水浓缩，之后再将浓缩过的卤水转入木盆进行二次蒸发浓缩，整个过程的时间长短就要靠天气了，春秋需七八天，夏天两三天。卤水是否达到浓缩的标准则是以容器内卤水损失的多寡来判断的，之后又将盆中卤水挑入灶后烟囱尾部的巨大卤池。这样，本已浓缩的卤水再次利用烟囱的余热浓缩，不仅可以大大减少燃料消耗，而且盐的产量也就增加了许多。

　　早期的盐工作业状况已没有文字可考，但从明末到新中国成立前，大宁盐厂盐工的工作时间是"对朝班"，即两班盐工换班作业，上班后要不停歇地连续劳动二十四小时。上"对朝班"的主要是照火、打帮和塔灶的扯水工，而灶头、帮垅工、捶冰工、炭老倌、拐子帮和柴灶房的炊事工是不必上"对朝班"的，他们的任务是分片包干。

　　在几千年的木柴煎盐过程中，盐厂周围方圆百里尽成"童山"，到明朝末年，盐民在盐厂不远处的檀木树坪发现了石炭，于是便出现了柴灶、

蒸发卤水的木缸

至今仍在流淌的卤水

炭灶和柴盐、炭盐之别。但石炭所煎制的食盐质量远不如柴盐，故而直到1988年盐厂停产，柴盐仍占主导地位。

一切准备就绪，大块的木柴添进灶内，盐烟便弥漫在盐厂的峡谷中。如果不换锅灶，不检修设备，这煎盐之火便终年不绝。老板为最大化的获取利益，无论哪样工作都会尽可能地压缩人员。负责石炭一块的人叫"炭老倌儿"，他们每天要采运六七吨的石炭和黄土至灶门口，要从河里挑一百多担淡水供拌石炭和黄土用，要将烧过的炭渣挑运走。炭灶中更为辛苦的是帮垅工和拐子帮（杂工），烧红透了的垅土（锅沿与灶平面的抬升部分）要浇上盐水，称为"浇垅"，浇垅每天一次，所用盐水完全由帮垅工人站在十几米高的井架上用木桶凭借着木滑车的作用从冷水井中吊起来。到了"圆垅"（煎盐尾期）的那几天，浇一次垅要三千多桶水，两个帮垅工从下午开始直到天亮才能下井架。三千多桶盐水浇在烧红透的垅土上，蒸汽弥漫，热浪滚滚，整个作坊完全成了一个巨大的蒸笼。

　　除此，工人们还要完成镶砖、切砖(砌灶用的土砖通过整形)、转卤水(后锅转入前锅)、泡冰水等做不完的活。正是这种高强度和恶劣环境下的劳动，烧伤、烫伤和掉下井架而致残、致死的盐工不计其数，部分因过度劳累或长期吸收尘埃物质而身患疾病的，便被老板辞退赶走。柴灶的工人除运送的燃料不同外，其他劳动过程则完全相同。他们要从百里之外将大小的圆木运来，锯成段，劈成块，堆放在河床的两岸，状如一座座小山，而将这些木柴搬运到作坊是没有专门的工人的，作坊里哪班工人换下来就得搬运木柴或完成老板安排的其他临时任务。总之，无论你的劳动强度有多大，劳动时间有多长，老板是不会让你停下来的。从"对朝班"换下的工人仅仅是更换了作业内容，而并非休息。因为这些工人不仅完全由老板管吃管住，而且是要给工钱的。

　　盐工的生活是粗糙而恶劣的。老板极为精明的，一方面在劳动力的利用上最大化地榨取了盐工的血汗，另一方面在生活上尽可能地将成本降到最低。工人们住在阴暗潮湿、紧贴山壁的破旧房屋里，睡的是很大的通床，条件与盐夫背盐所住相当，主食以糙米、红薯、土豆和玉米为主。为降低成本，老板四处收购霉变的糙米、小麦和玉米。许多商贩为迎合老板贪图便宜的心理，特意在粮食中掺入沙子或洒水加潮。老板跟工人是不同一个灶的，他们有专门的佣人，吃的是美味佳肴，用的是白花花的银子。

　　高强度的劳作，自然增加了工人们的饭量，老板便充分利用了人的生理原理和味觉原理，在蔬菜上又打起了坏主意。炭灶工人辛苦，每餐每人一碗豆腐花，柴灶工人则是一碗青菜汤，外加一至两样小碟咸菜，除逢年过节外，所有工人无论你是哪个工种都是没有炒菜的，一年四季都是白菜、萝卜等腌制的咸菜。各个灶户的老板似乎达成了共识，哪家的伙食都是如此。而且，这种伙食就像法规的条文，几十年也没有变过，因为老板深知如果有炒菜工人的饭量势必大增。

　　秦巴，是我国最早的产盐区之一，也是饮食文化的发祥地，咸菜和辣椒是秦巴人的命根子，但工人们是难得吃到高档的咸菜和辣椒的。一次，一位厨师实在可怜盐工，便将烧过的青辣椒拌入咸菜中，结果被老板发现不仅扣了工钱，还被赶走了。因为老板们都知道"辣鲜，辣鲜，又辣一碗"的道理，炒菜和辣椒都是开胃的，工人吃了会增加饭量。

当然，为不至闹出激烈的矛盾，工人们也有改善伙食的时候，那就是每五天吃一次猪肉，每人半斤。半斤猪肉做熟并无多少，这对于无油、无菜、长期粗食的盐工们来说也仅为解馋而已，所以盐工们把吃这种肉叫作"烧神福"。煎盐到最后快出成盐的那几天，值夜班的工人们每晚半夜可加餐一顿，称为"夜火饭"，夜火饭是用半升糙米加四两猪油混合煮成的，没有菜，没有盐，没有糖，也没有咸菜。这种饭美其名曰"加餐"，可几口下肚已是阵阵恶心，虽说老板给的标准是半升糙米、四两猪油，可谁能吃完这个标准？尽管如此，工人们还得忍气吞声，倍加小心，稍不留神，就会被老板赶走。在没有土地，没有权势，没有资本，且根本谈不上有就业率的旧中国，就是这样地狱般的盐工工作也是穷人们看得很重很重的生活来源。

盐工的罢工斗争

自明朝以来，接连不断的混战导致了统治集团的愈加腐败，进而引发了社会秩序的混乱和社会矛盾的激化。为了生存，私盐贩运空前猖獗起来，从而更加加剧了统治阶级对劳动者的剥削，官逼民反的反抗也就此开始了。

鄢本恕、兰廷瑞都是顺庆府营山县人，廖惠（盐厂人称"廖麻子"）是邻水县人，他们都是在孝宗弘治年间因社会政治腐败、水旱灾难而背井离乡来到大宁盐厂当灶夫（熬盐的人）的。然而，血汗换来的白银却源源不断地流进了老板的腰包。他们奔走异乡，希图改变生活命运的梦破灭了，在忍辱负重的坚持后，才最终明白政治的腐败断绝了他们唯一的希望。明正德三年（1508年），本已在秘密策划起义的鄢本恕、兰廷瑞、廖惠，在湖广生员崔蓬头、施州卫军张瑞、王虎等暴动群众八十余人到达大宁盐厂时，随率一千余灶夫揭竿响应，宣告展开罢工斗争。盐厂的罢工引起了官府恐慌，于是官府用尽了软硬兼施的手段企图平息这场斗争，但无论如何就是不接受工人们提出的改善生活条件、加薪、给予适当休息时间的要求。在坚持数天无果后，鄢本恕、兰廷瑞等人毅然率领一千多盐工参加了义军。义军历经激战，直逼大昌县城，大昌县令一面死守县城，一面急搬救兵。义军终因缺乏统一指挥，缺乏组织训练，致使崔蓬头被俘，后被县令李睦所杀。义军初败，退居郧阳五溪镇，后转至陕南。这时，恰遇刘烈起义失败，率残部两千余人来归。众人合兵一处，一路招兵买马，及至汉中时，义军已越十万。兰廷瑞"善解纷争，众推为王"，其战斗力一时大振，明王朝惊恐万状。但与历史上的农民起义一样，政权尚未在握，立王先居首要。兰廷瑞自称顺天王，鄢本恕自称刮地王，廖惠自称扫地王，下设四十八总管。至此，一支适合于当时政治背景的农民队伍就这样形成了。

从正德三年到正德五年（1510年），义军走陕南，经汉中，下湖广，转郧阳，到达州，一路杀富济贫，所向披靡。明王朝遂派巡抚大臣林达俊赶往达州安抚招降，兰廷瑞开始动摇，而廖惠则坚决反对，兰廷瑞便放弃了招降。正德六年（1511年）四月，鄢本恕、兰廷瑞、廖惠乘川北防务空虚的机会率部杀回营山，杀死四川按察司佥王源。明王朝一看招安不成，且战火愈烈，随调集陕西、四川、湖广、河南四省兵力"会剿"义军。官军由川、陕、湖广总制洪钟督战，湖广永顺土司彭世麟率兵于陕西石泉县将兰廷瑞部包围，许以婚约，本就有动摇之心的兰廷瑞最终被招降。六月十六日，官府倚仗兰廷瑞的设计使鄢本恕等首领中伏被擒，不久，鄢本恕等首领被凌迟处死。而未中伏的廖惠与后来加入起义军的首领俞思俸继续率领义军残部与官军混战，先后转战于陕西、河南、湖南、湖北、四川等地。至明正德八年（1513年），两首领先后牺牲，起义最终失败。

鄢本恕、兰廷瑞、廖惠等"灶头"发起并领导的盐工罢工再到起义，浴血奋战五年多，义军壮大至二十余万，虽最终失败，也未能从根本上动摇明朝的统治、改变社会的腐朽没落和劳动人民的命运，但却加速了民众的觉醒和明王朝的灭亡，为以后盐工的不断请愿、罢工导了先河，更为后来中国共产党在盐厂领导的工人革命点燃了火种。

1942年，日寇占领了湖北襄樊、枣阳、宜昌一带，交通断绝，物资奇缺，通货膨胀日益加剧，国民党苛捐杂税空前繁重，军政要员、地方乡绅打着"支援战区"的旗号大发国难财，纵观满野，已是民不聊生。1941年，盐工每日工钱五元，而糙米每升（四斤）为六元，到1942年，盐工工钱未变，而糙米每升却涨到了近八元。

1942年3月2日，早已潜伏在盐工之中的地下共产党员廖迪生和包剑锋发动了盐厂的全面罢工斗争。闻讯赶来的税警队在盐厂周围架起了机枪，包剑锋带领工友四处张贴标语，廖迪生则同盐工代表一起现场与县长、盐厂总署署长谈判，要求增加盐工工资，改善盐工生活，每月给予一定的休息时间，否则，决不复工。斗争中，包剑锋因语言不慎暴露了身份，当即被抓，在押送途中跳进悬崖下滚滚的河流中潜水逃走。面对声势浩大的罢工，老奸巨猾的县长和厂长私语几句后答应了工人们涨工资的要求，但必须立即复工。不几日，工人工资每日涨为八元，而这时的糙米价却涨到了每升十元，一场罢工斗争就这样被蒙骗过去了。

随着通货膨胀的加剧和货币的急剧贬值，到1944年，盐工工资虽已涨至每日二十九元，而糙米一升却涨到了一百零八元，盐工代表在要求增加工资的请愿书中写道"家有数口者，均嗷嗷待哺"，但一年多仍没有结果。于是，一场更大规模的罢工斗争展开了。1945年12月31日，盐工们在地下党和积极分子的带领下包围了盐厂总署，并组建了一支三百多人的队伍向县政府进发。这时，只听一阵枪响，几名盐工应声倒地。场署、盐业工会、县政府官员一看出了大事，工人们已经愤怒，遂同意增加工资。为避免更大的流血牺牲，地下党组织同意盐工撤回，但必须等到所涨工资确切数字后再重新点火煎盐。1946年1月9日，盐工工资涨至每日三百元。这次罢工虽以同胞的鲜血换来了工资的上涨，但面对飞涨的物价和急剧的货币贬值，盐工们的苦难生活却并没有改变。

第五章　古盐道上的人文历史

　　早在虞夏之时，巫国人就品尝到了人类真正意义上的第一口盐，结束了直接食用硝盐（岩石上析出的一种黄白色芒硝物质）的时代。从此，盐便成为人类生命进化的重要物质和社会经济文化演变的重要组成部分，进而食盐被广泛应用于生产生活之中，人类的历史和文化也就伴着这绵长的咸脉从远古走向了今天，形成了以盐为核心的多元文化。在数千年人力挑背食盐的历史过程中，各地盐夫身传口授的文化积淀铺满了秦巴古盐道。盐夫们将不同地域的民风民俗和地方文化以及生产技艺引入秦巴山区，再将秦巴山区的文化现象带回家乡，使各地的乡风民俗及不同的信仰得到了交融，沟通了社会的大融合，以至有多长的盐道就有多长的山歌、民歌、五句子歌，有多曲折的街巷河流就有多曲折动人的民间故事，有多险峻的高山峡谷就有多神奇惊心的神话传说。这其中的任何一种都是我们生活中一个值得探索和研究的门类。

咸脉绵长

　　中国的饮食文化博大精深，源远流长，其门类更是浩如烟海。而饮食文化到底起源于何时？什么样的文化才算是饮食文化？这恐怕是无法界定的。但我们知道一个浅显的道理，那就是人类要使自己的生命得以延续，首先要解决吃的问题，要吃就要进行生产劳动，这种劳动的过程在逐步的琢磨和总结中产生了劳动技艺，通过这种技艺又获得了更多更丰富的食物。食物的种类多了，量大了，吃的方法和方式就会向着精细的方面发展。这种发展的原动力就是一种文化。所以说，饮食文化和劳动是紧密相连的。那么，原始人类有没有饮食文化呢？当然有，只不过原始人类的饮食文化和我们今天所说的饮食文化是两个截然不同的概念罢了。因此，饮食文化应该以食盐的出现为界点分为两个阶段。

食盐的出现，诞生了真正意义上的饮食文化。如果没有食盐，饮食文化就无从谈起。

在原始的生产生活中，人类捕鱼、捕猎、养殖所获得的食物是无法保存的，而盐的发现则从根本上解决了这一问题。三峡考古，发现大量数千年前殉葬的鱼骨，这不仅说明古人已发现并成功运用了盐的杀菌防腐功能，而且也证明了目前已知的我国最早的盐业产生于这一地区，而从目前的考证看，这一地区最早的盐业只有大宁盐。由此可见，中国饮食文化最早的发祥地极有可能在大宁，时间应在虞夏之时。

远古，广袤的大巴山地区人烟稀少，纵横的江河被茫茫的原始森林掩映在奇峰幽谷间，原始的捕猎和农耕是先民的两大生活支柱，随后养殖业也迅速发达繁荣起来，而储藏便成为人们生活的最大瓶颈。盐的出现，人们首先运用在了食物的存储上，至今还广泛运用于山区农村保鲜猪肉的"醉肉"就是从那时传承下来的。这是我们今天所知道的人类最早的，也是唯一还存活着的原始储存方法，即将大量的、无法在短期内吃完的肉类切成大片，用足够的盐和玉米面，适量的辣椒粉、花椒粉拌匀装入陶制的坛或缸中，压实密封，则可存储数年。我们今天在秦巴山区普遍可以吃到的"醉辣子炒肉"就是这一传统技艺的延伸，只是前者为了储藏，后者是现做现吃罢。

这一技艺虽然解决了肉类的储藏，但却没能从根本上解决储和吃的关系。醉肉虽可储藏，但吃起来极不方便，一旦开缸漏气就必须在短期内吃完，否则会迅速坏掉。于是先民就将一部分肉类储藏，一部分临时用盐防腐后悬挂起来以备短期内的日常食用。巴山地区的农家多为竹篱草舍和土墙石板房，常年木柴做饭，冬季木柴取暖，结果，烟熏的腊肉被发明了，肉类储和吃的矛盾从根本上得到了解决。人们根据这一经验从主观意识上去腌制熏炕肉类，腊肉的腌制技艺便一直传承到了今天。2012 年，"镇坪腊肉腌制技艺"被列为陕西省非物质文化遗产名录。

高寒山区，农耕经济，人们在认识自然现象，顺应自然规律的生存中，利用当地丰富的盐资源改造和推进着饮食文化的发展。巴山地区脍炙人口的泡菜、咸菜、豆腐乳，以及名目繁多的各类豆豉等，无不诠释着盐在社会文明与进步中所产生的价值和意义。今天，秦巴地区无论城乡还是男女，几乎人人会做得一手好咸菜，即便住着高楼，家家也都有几个或更多的酸菜老坛，其咸菜种类更是不胜枚举，形成了中国菜系中的大观园，推动了中国饮食文化的更迭与递进。

大宁盐厂的灶商老板聘用长工熬盐，管吃管住，一天一夜的工钱是一升（四斤）糙米，夜间当班的有一顿"夜火饭"，按每三人半升糙米加四两猪油同煮，不加盐，因为加盐会减轻油腻，增加食欲。老盐工黄某回忆说，有位姓陈的黑心老板娘对厨师说"辣椒是开胃的，辣鲜辣鲜，又辣一碗"，吩咐厨师在菜中尽可能地少放盐，且不放辣椒，这样可大大降低盐工的食欲，减轻饭量。一天，一位盐工发现老板娘在院内晒了一盆豆瓣酱，里面和着鲜红的辣椒，酱香飘出，让人垂涎欲滴。但老板娘却看得很紧，每晚都会早早收回。经过几天观察，盐工发现老板娘每晚收回豆瓣酱后都会放在堂屋的八仙桌上盖上纱罩，紧锁房门。这晚，几个盐工按照事先的策划带着备好的竹筒、合渣（大豆磨碎同渣一起合煮的食物）和盐背子饭悄悄从后墙翻了进去，将合渣和盐背子饭一起筑进竹筒，使其从另一端挤压入盆，反复几次，胡乱一堆，并在瓦盆边放了几根鱼骨。第二天一早，老板娘从屋内骂到屋外，怪下人没看好猫，没收好酱，偷吃了鱼还将屎拉在了酱盆里。于是悄悄将"猫屎"舀掉，叫来"灶头"说："这几天正逢熬盐赶火加班，你们白天黑夜都要守着盐锅，很是辛苦，我专门做了这盆豆瓣酱你端去给伙计们吃吧。"盐工们终于吃到了有盐、有辣椒的美味。

盐，乃百味之首。一脉相承、博大精深的民族饮食，如果不是盐，那便索然无味了。所以在秦巴地区至今还流传着"好厨师一把盐"的说法。当然，虞夏之时兴起于大宁盐产区的饮食文化只是华夏民族饮食文化的开端，随着物产的丰富、科技的进步、生活经验的积累和传承，它与今天的饮食文化相比仅仅只是一个母体罢了。

盐道歌谣

食盐的生产和贩运推动了多元文化现象的产生与发展，大多文化现象，包括信仰，经年叠加地沉淀在古盐道上，以至成为一种特定的民风民俗鲜活地呈现在秦巴大地上，所以说秦巴古盐道是一条没有断层的文化走廊。在生产生活条件极其艰苦、文化元素极其单一的古代，制盐和运盐为盐夫们在住店歇脚和行走盐道时宣泄激情创造了条件，而最多的、最具代表性的当属民歌。常年跋涉在艰险的盐道上，每一天、每一步都有着不可预知的危险，悲观已毫无意义，唯有乐观豁达倒可以平添几分豪气和精神。于是，便捷、随意、抒怀的民歌形式成了盐夫们的通用文化，更是他们最大的、唯一的精神文化生活，大量自创的民歌民谣、奇闻轶事、神话传说被"日常数千人"的各地盐夫带入了这条古道，并在这条古盐道上交融发酵，变异发展，进而形成了特有的盐道文化，得以传承弘扬。

相传，尹吉甫是今湖北房县青峰镇人，305篇的《诗经》中有他创作的4篇，他死后就葬在他的故乡青峰山。青峰山是神农架的分支，而神农架则与镇坪县的鸡心岭相连，同为巴山山脉，且直线距离仅二百多公里。同时，《诗经》十五国风中的《鄘风》《巴风》就产生在房县、竹溪、竹山、巫溪、巫山、城口、镇坪、平利、白河、旬阳、岚皋、紫阳一带。如今，盛行于镇坪的"五句子歌"就是在《诗经》的影响下演变而来的，它

巴山地区的农民在劳动间歇以民歌、山歌自娱自乐

是现存唯一的《巴风》中的民歌，并在这条古老的盐道上流传了数千年。作为原生态民歌，"五句子歌"参加了第二、第三届陕西省农民文化艺术节，并均获奖项。盐夫歌中唱道："肩挑两铊盐，前面万座山，要想见妻儿，还要十几天，天天把家盼。"而在家的妻子更是担惊受怕，日日挂念，在歌中唱道："男人去挑盐，半月无音讯，十去两不归，盐道多孤魂，奴家好担心。"盐夫中也有许多无家无口的"浪子"，他们挑盐只为糊口，没有负担，没有牵挂，他们的要求过于简单："三天才过鸡心岭，一天路程到镇坪，半月赶到金州府，找个窑姐亲一亲，不枉辛苦这一程。"盐道上的民歌既有即兴逗乐的，也有表情达意的，就算是男女骂俏的情歌也是赤裸裸的，当然，也只有这毫无遮掩的内心表白才更具一种野性的辣味，这对于打发时间、消除疲劳、分散离家跋涉的悲哀情绪倒是不错的麻醉剂。而盐工、盐夫们怎么也不会想到，正是他们这种最本真的人性的表白形成了今天的文化遗产。当我们细细咀嚼这些文化时，我们又不得不被盐工、

盐夫们的创造力和聪明才智所感动。

有一首民歌唱道："吃了饭来把碗丢,眼泪汪汪难开口,人多说不成交情话,戒指藏在碗里头,桌子底下把脚勾。"这说的是一位盐夫挑盐不仅赚了钱,还给心爱的人买了戒指,回家的头等大事就是要及时将戒指送给心爱的人。当他来到心爱的人家时发现正值帮工耕种的农夫们吃午饭,相邀之下他只能与大家同桌用餐,直到饭毕仍没有找到给戒指的机会,心想作为家庭主妇的她洗碗是一定的,便将戒指藏在了碗里,可又担心她不知情而丢失,于是瞅准心爱的人收碗的机会在桌子下边勾了一下她的脚。故事是简单的,但其画面和内涵是深刻而丰富的。在生活无依、性命难保的盐道上,这位盐夫却下了血本为心爱的人买了戒指,其爱可嘉;因为戒指,这一路的艰辛化作了幸福和希望,其情可歌;结果送戒指却遭到沉重打击,眼泪汪汪。人物内心的起落变化、画面的生动变换,构成了一幅活脱脱的

媒体对镇坪县"五句子歌"的报道

爱情纠葛图！

　　劳动创造了文化。在盐运劳动中，盐运工具、盐夫生活、间歇娱乐、帮会往来等无不流动着文化的内涵。

　　杜甫《盐井》写道："卤中草木白，青者官盐烟。官作既有程，煮盐烟在川。汲井岁榾榾，出车日连连。自公斗三百，转致斛六千。君子慎止足，小人苦喧阗。我何良叹嗟，物理固自然。"对于煮盐、运盐的描写，有着太多的歌谣辞赋。特别是盐味的重要和盐道的艰辛，使盐夫们在跋涉的间隙创造出了极其丰富的民歌民谣，如今仍鲜活地流传在当今濒临消亡的盐道上。

　　陕南镇坪县与重庆巫溪县交界的鸡心岭下有一大峡谷名曰"大黑槽"，两山如壁，一径可通，茫茫林海，遮天蔽日，土匪常在此设伏抢劫，盐夫们称这种行为为"关圈"，即如同将牲畜关进圈舍一般，无路可逃。镇坪盐夫即有民谣一首："鸡心岭下大黑槽，三根杉树长白毛，毛坝河水向北漂，石门子过去走关庙，盐大路上对直走，竹溪河歇气上凉桥。"这以当地地名、方位组成的民谣，意在暗示外地盐夫和初涉盐运的人这一带杀机四伏，危险重重，不可停歇，不可掉队，不可走错。为何暗示？因为这一带荒无人烟，土匪在此杀人越货时有发生，土匪如果没抢到盐就会报复那些"告密"的老百姓。在千里盐道上，有势力大小不等的土匪百余股，总数近三万人，故而土匪无处不在，他们专拣人少或掉队的盐夫下手。于是，一首盐夫的民谣便成了盐夫们约定俗成的规矩，"上七下八平十一，多走一步是狗日的"，言辞刻薄粗俗，却是最为关键的自我安全保护法则。盐道上盐夫的年龄体力和负重各不相同，行走快慢便有差异，但无论怎样，上坡七步，下坡八步，平路十一步就必须小憩，只有这样才能使群体不散，不至同队的盐夫陷入险境。

　　翻山越涧，盐道漫漫，盐夫负重，一天仅行得二三十里路，有时目标就在眼前，可峰回路转，却未能走出多远。有民谣曰："大黄墩，小黄墩，三天离不开谭家墩。"这三个地名是盐道上的三处客栈，其山高水长，坡陡道险，已然在目。如此的民谣还有："竹房（鄂西北的竹溪、竹山、房县）连三县，盐挑汜水关，回望鸡心岭，才过小垭关。"小垭关是陕西进入鄂西北的界梁，从鸡心岭下山三十里到瓦子坪，再上山三十里到小垭关是盐夫们三天的路程，两山相对直线距离约三公里，而盐道迂回却变得如此漫长。

峡谷高山，泉流淙淙，育得山里人一幅天生的歌喉。信步盐道，一声高腔，只震得空山作响，百鸟惊飞。在这深山密林之间，心声与情感都属于歌者，无须隐晦，不必羞涩，目的很单一——畅快。

盐夫小憩林荫放声唱道："昨天赶船过险滩，今天又走鬼门关，只要过了鸡心岭，出手能把银子赚，早日回家好团圆。"一人唱罢，便有其他盐夫接道："上有老娘眼望穿，下有妻儿盼团圆。变个女人好绣花，变个男人要挑盐，日子为啥这么难？"年轻的姑娘媳妇们则没有这么放肆，她们只在野外割猪草、采草药或夜深人静的油灯下低吟："三九寒天下大雪，

渝陕"五句子歌"研讨会于2008年在镇坪召开

鸳鸯枕头半边热。不是挑盐讨生活，奴家算是舍不得，牵着太阳怕天黑。"

　　盐道也是情道。年轻而又尚未成家的盐夫们，去大宁背盐挣钱后，除孝敬父母、贴补家用外，还有一个重要的目的，那就是能早日娶妻生子。如果能在漫漫盐道上偶遇自己心仪的姑娘，成就一段姻缘，那是再好不过的事了。事实证明，确有少数盐夫交此好运，镇坪现健在盐夫中还有这么一对呢。盐夫，都是身强力壮的中青年，在枯燥单一的盐运旅途，常用一些情爱的歌谣自慰解嘲。"一十八岁下宁厂，宁厂姐儿好心肠。早晨一碗荷包蛋，晚上一顿乌鸡汤，哪门（怎么）舍得回家乡。"有些民歌并不代表个人情感，而是反映盐夫共同感受的，如："砍根桑木做扁担，扛起扁担上四川，挑担盐巴下宁陕。嘿哟哟嘿哟⋯⋯金盐巴，（嘿哟）木扁担，（嘿哟）压得扁担两头弯。野山行，（嘿哟）老林穿，（嘿哟）阎王鼻子鬼门关。滴滴血，（嘿哟）滴滴汗，（嘿哟）一条盐道血泪染。砍根桑木做扁担，扛起扁担上四川，挑担盐巴下宁陕，讨个幺妹回深山。"

　　另有描写背盐、挑盐条件差、路途漫长、艰辛的，无不让人辛酸感怀！"大宁盐厂开盐行，累坏几多好儿郎。鸡心岭上住幺店，油碴铺盖（又黑又烂被汗水浸染得像过了油一样的被子）钻心凉。有钱的哥哥吃顿饭，无钱的哥哥吃袋烟。脚板皮走掉好几层，来世要饭也不背盐。"

　　盐之味，盐之道，引出许多感悟，道出万般人生。虚实相间，古今融合。苦也，乐也，无不纠结于一个盐字。古人并不刷牙，而是用盐水洗牙，其固牙、洁牙的功效特别明显。即便今天，山里七八十岁的老人多有一口可咬烂坚果的白牙，这与长期盐洗不无关系。清道光年间发现岩煤，遂采煤煎盐，其煎盐成本大大降低，盐质却较柴盐差，但这种炭盐泡制的酸菜又脆又香，经年不变质，三年以上的老坛酸水还是止泻的良药，故而巴山地区的女人们无不做得一手色艳味绝的上成咸菜。

　　盐夫的勤劳艰辛练就了他们的一副铁肩，他们将最直接的感受喊出，却又是那么从容淡定，其善良豁达的本性无不溢于字里行间。

扁担无盐不平肩，背笼无盐腰也酸。

盐背老二擦把汗，婆娘洗出四两盐。

一天无盐力变小，三日无盐腿发瘫。

淡心无盐百日困，腊肉无盐蛆成山。

　　盐夫们身负数百斤盐巴长年行走在盐道上，通过有感而发的民谣创作、传唱，真实地记录、总结了当时盐运生活的艰险、劳苦和辛酸："攀上鸡心岭，一脚踏三省。一条盐大路，从古走到今。去时不知归，归来身失魂。""走到阎王砭，两脚慢慢趱（挪动）。走到康熙坡，小心慢慢梭（斜着身子脚不离地的移动）。走到叮当沟，弓起腰杆走。走到天坑峡，四脚四手爬。""鸡心岭上放眼望，脚踏三省不夸张。窝坑回顾艰险路，剪刀双峰映红装。砭子穿行到碑梁，百步梯上汗成行。母猪洞前要当心，来往盐夫被匪抢。观音崖下香一炷，一路平安谢上苍。绝壁栈道流水长，车湾盘旋悬崖旁。吃饭住店老树杆，龙王庙前咒烈阳。""扁担弯弓射向天，垫肩铜钱含辛酸。盐罐装着粒粒泪，心中藏着苦与甘。"

　　面对盐道历史的厚重，方显得文字的苍白。只有亲历其间，感悟其韵，才能触摸到中华民族那根坚实的脊梁，才能透过先辈汗水洗过的秦巴大地去窥见我们自身的博大和责任。五千年盐运，定格在了1972年，但那悠远的盐道歌谣却至今还鲜活地存在人们的心中。

盐道拾荒

江西馆

　　盐运商贾自古看重陕南镇坪县钟宝镇这块宝地，作为川盐入陕的第一集结地和交易场所，茂密的森林和水肥物丰的自然资源，豁然开朗的盐运大道，涌进的湖广移民，奏响了"南山老林"首创商务会馆的引曲。

　　乾隆四十年（1775年），江西南昌商人在镇坪城南老街建立江西会馆，当时镇坪尚未建县制，只是一个盐道上的边缘化地区，划归兴安州平利县管辖。

一座赣式楼堂巍然矗立，三厅两进，五向三层，青砖基底，杉木门窗，飞檐高挑，斗拱雕镂，灰瓦青墙，漆门雕窗。一对大理石的狮屹立正门，背倚六根径尺廊柱，两旁四柱雕绘"福""禄""寿""喜"四幅彩画，正门两柱镌刻一楹联，上联为"滕王梦游巴盐道"，下联为"赣商求索老林泉"，充分展现了江西商业会馆的西进气势，也表现了古盐道上商贾云集的明清气象。

会馆大量屯集镇坪各种野生中药材、土特产和各类珍贵兽皮，同时开设盐店以供过往盐客"打火"住店（即自带粮食，自己做饭，店家提供用具，收取一定费用）。盐夫去盐场时可在此挑货至盐场，由老板交易后得到力钱。会馆依靠盐夫生财，盐夫仰仗会馆平安。会馆与当地官绅、驻军、民团、土匪都保持着亲密而又微妙的关系，逢年过节常需进贡打点，盐夫一旦遇事就会依仗会馆斡旋。久而久之，一张复杂而醒龊的大网便在盐道形成，而盐夫们哪里知道，所有一切的最后买单都将出于他们自身。

黄州馆

湖北黄州商人云集镇坪，成为盐运路上的商业主体，他们选中镇坪老城（现在的钟宝镇）西关塘湾官道旁边的一块靠山临水的土地，于清嘉庆年间修建了黄州会馆，是镇坪老城西关的第一号商业会馆。

黄州馆采用殿堂式建筑格局，共有正殿三间，两侧偏殿两进六间，石灰石基座，青瓦灰墙。檐头马头墙高耸，檐部有徽派式瓦当作勾头滴水。木板格子门窗，有人物、花鸟木刻图。木式地板，厚实、防潮、保暖。门厅木柱雕联"东都才子骑骏马，南国夫人种玉田"，其体现了在商业文化中融入科考耕读的人本希冀。

黄州商会是鄂东人的商业团体，其组织严密，管理有序，在与当地政权机构、民间组织和民众打交道的过程中，注重以商会友，广泛多层次结交，且等级森严，进退节义有度，信义持久。

黄州馆一直完好保存至 1987 年，后被当地村民拆除另建住房，其遗迹仅存部分石砌基础层。

武昌馆

武昌馆位于镇坪旧城大河西岸校场坝，湖北武昌商人继黄州商人之后，涌入镇坪，在盐运商机的推动下，为拓展经营范围，广泛接纳来自四川、湖南、湖北、江西等地的商贩，经营项目扩大至生漆、香菌、木耳、皮革，以及党参、黄连、麝香等一百多种中草药。

镇坪特产的贩运出境，盐运的涌进销出，布匹、糖类、瓷器的商业引进，通过武昌馆的建立，形成了镇坪贸易繁荣的大观。有民谣为证："武昌馆，

1775 年，武昌商人在镇坪兴建的以盐业贸易为主体的武昌馆一角

开盐行，贩盐运货生意旺。山货土产运四川，陕西湖北贩盐忙。"武昌馆每年九月初九搭建戏楼，邀请各地戏班轮流演唱，当地山民各带山货特产于此自由贸易，萌生了镇坪最早的市场经济。2014年底，当地政府出资对武昌馆进行了维修。

观音庙

鸡心岭一侧，有一庞大的峭壁悬崖，雄奇险峻，奇峰兀立，观音庙古刹便掩映在此高山深涧之中。此处名叫观音砭，两边绝壁对峙，留下一隙蓝天，足堪鬼斧神工；远来的溪流汇于脚下，在升腾的雾气中发出撞击山谷的轰鸣。

几千年来，"冬春之间，日常数千人"的运盐大军无不通行于观音庙前这唯一的通道。盐夫来往至此，必到庙中烧香敬拜，以祈护佑平安。此庙虽不大倒十分灵验，因而自古以来，此处香火袅袅，信徒不绝，即便现今，也仍披红挂彩，烟火依旧。

古盐道或攀缘在高山绝壁，或绕行于江河峡谷，盐夫长年跋涉，坠崖者、溺水者乃至疾病瘟疫、土匪暗杀者，已是屡见不鲜。盐道凶险，亡者无数。于是，这观音庙便成了盐夫们祈求平安、一路顺利的精神寄托。而在秦巴古盐道上，这种简易的寺庙又何止千万。

碑梁子

碑梁子是鸡心岭的一条子山，海拔从1650米至1890米，沿鸡心岭一直斜插谷底接母猪洞，全长约十五里。此山由谷底向山顶，左望剪刀峰，右临回音壁，是盐道的必经之路，更是生死地界。

天地生物，必有造化之处。此段盐道处处沟谷绝壁，而子山两侧又壁陡坡滑，大宁盐入陕后若要继续外运，唯一可通之处就是这连接峰巅谷底的子山。可从自然环境来看，无论是架桥还是修路在当时都是行不通的。无巧不成书！上苍在造地运动时似乎是有意为盐道预留了行走的空间。雄

为祈求平安，盐道上凡有岩龛的地方至今还残存着许多寺庙，图为观音庙

浑一体的石灰岩山脊就像一把斜插的刀背，就在这刀背之上天生地留下了一个个远近大小并不规则的天然石蹬，最小的可容一人站立，最大间距并不超过50厘米，而且就这么恰到好处地一直通向了山顶。

毕竟上苍造物并没考虑人们使用的需求。这路是通了，可一到冰天雪地的冬天，盐夫们就要面临生与死的考验。巴山深处的冬天长达三四个月，本来不大的石蹬被积雪封盖，不仅非常光滑，而且难以判断石蹬的边沿和中心，稍不留意，只要脚下一滑，不死便是伤残。死伤多了，盐夫们一起商议着等将来日子好了一定要在此处立一块碑，以悼念死在这里的不计其数的盐夫。为记住这未了的心愿，也为随时警示自己不忘立碑的初衷，便命名此山为碑梁子。不过，随着人力挑运食盐的结束和盐夫的解散，碑梁子至今也还没有碑。

屙屎梁

盐道行至镇坪老树杆便沿一横坡绕行，这横坡由纵向的六条山脊和五条沟溪连成一体，盐道拦腰横穿，入沟上梁，绵延十余公里，虽一色的石砭土路，但较之其他盐道也倒可谓盐道高速。

历史以来，不论来自何方的盐夫，也不管认识与否，总有一种不成文的规矩，那就是身材魁梧、力气巨大者便是同路盐夫的"老大"了，一路上吃饭住店都会受到大家的尊重和照顾。一日，一姓邢的盐夫行至此处，突感三急，左右环顾却没有可以卸下背篓的地方，若是放在平地上，等办完事要想再背起这三百斤重的盐包来，没有两个大力士抬到肩上是走不了的。情急之下，他干脆背着这三百斤盐蹲了下去。待后面的盐夫看到，他已是一身轻松。众盐夫夸赞之余，便给此地取一诨名"屙屎梁"。这一地名至今未改，第二次全国地名普查还录入了地方地名志。

雄鸡救众生

是年隆冬，雪积三尺，操着各种口音的盐夫被困鸡心岭。第三日，盐店已是粮尽烟灭，可大雪仍在弥漫飞舞。绝望之际，老林中走出一只红冠翘尾的大公鸡来，一盐夫大叫："抓住它，杀了可以做汤度一天。"众盐夫说道："这冰天雪地，不知哪家走失了鸡，主人一定很着急，不如我们找点东西喂喂它吧。"一盐夫跑进厨房将洗锅水倒掉捞着一把饭渣来喂，可这鸡只是点着头，不停地在地上刨着却并不啄食，众人甚觉奇怪，遂揣测议论起来。一盐夫说："大公鸡，你若是神灵来为我们指路的就请点三下头吧。"公鸡果然点头三下。

众盐夫立即挑起担子背上背篼跟着公鸡走。公鸡每走几步就停下来用嘴啄着地面，前面的盐夫便用打杵铁锥去戳公鸡啄过的地方，果然冰崩处露出了石阶，及至黄昏大家终于下到山下谷底。

正在大家庆幸休息时，森林中突然窜出一只白毛狐狸直扑公鸡，大家立即放下担子拔出扁担一拥而上救下了公鸡，可为时已晚，公鸡已是奄奄一息，大家抱着浑身是血的公鸡心痛地哭了。不一会儿，公鸡微睁双眼说道："我本一方山神，见你等可怜便舍命相救，不想惊动了土地神，它变成狐

冬日，盐夫们望而生畏的鸡心岭

狸来害我也是上天有命，我死后还请你们把我送回去。"盐夫们捧着死去的公鸡伤心地走着。公鸡在盐夫的手中变得越来越小，及至山顶则变成了一颗鲜红的鸡心。

大家找了一块平坦的地方埋了鸡心，并用石块垒了一座小坟。说来也怪，大家刚要离去，却听得坟中作响，定睛看时，只见这坟在迅速变大且隆起，只三个时辰便长为一座形如鸡心的山来。从此，这山便有了名字——鸡心岭。

盐夫斩青龙

一盐夫夜宿盐店得一梦，一白须老者哭诉道："我本南江河一潭龙主，谁知近日不知何方青龙来犯，我斗它不过，求你帮我，事成之后必有重谢。"盐夫道："我怎么帮你？"老者道："你明日早起，用桃木做弓，柳枝做箭，途中若见一黄一青两龙相斗你便箭射青龙。"盐夫尚未问及潭在何处便惊醒来。

东方发白，盐夫起床急忙准备，吃罢早饭，便背起盐坨上路了。他边走边想："这梦真怪，天下哪有这事？这人也怪，只说帮他不说地点，走过了头岂不是不义？"行至曙河口（今镇坪县小曙河镇），只觉盐坨重似千斤，无力迈步，便放下背篓休息。盐夫刚刚坐在一块石头上，忽听一声巨响，只见不远处深潭碧波顿如沸水，两条小蛇腾空而起，打斗凶猛，盐夫看得呆了。两条小蛇边打边变长了，不一会儿变为一黄一青两条巨龙，盐夫方想起梦来，急忙张弓搭箭射向青龙，只听一声嗷叫黄龙入潭，青龙不知去向。

待盐夫回至家中，草房变成了瓦屋，泥土院变成了青石天井，妻子年轻漂亮了许多，残疾的腿也莫名地好了，瓦罐里装满了白花花的银子。盐夫从此不再挑盐，日子过得殷实快乐。

再说这曙河口的不远处有一小河支流名曰竹溪河（属今镇坪县上竹镇），两岸人家突然发现河水连日变红且伴有恶臭，便寻向水源，方见这青龙已腐为骨架，后来这骨架化为了大山，名曰化龙山。而当日两龙打斗旁的大山之顶莫名地炸开了一个洞穴，清泉涓流，滋润着一方土地。于是，山民们将此洞命名为黄龙洞，山脚下的深潭名为黄龙潭（均属今城关镇）。

说来也奇，这黄龙洞已至山顶，距黄龙潭五六里地，洞中之水经一高约三十米的悬崖形成瀑布后注入潭中。这水本是涓细清澈的，但却形成了一日三潮的瀑布奇观。潮来时，巨响震耳，水势大作，高强的风流将两边的树木分开，显露出巨幅的白帘。即便是久旱无雨，它也一日三潮不变，水势不减，而且还常常出现赤潮。这一文化之谜至今无人破解。

盐味杂陈

芸芸众生，一日三餐，谁能离盐？问及盐味，只知其咸，又有谁知这咸味之外的杂陈五味？泱泱华夏，一脉相承，这盐道便是见证。

巴山地区，气候高寒，雨水丰沛，三伏锄玉米草时将萝卜种子撒在玉米地里；农历九月收完玉米砍掉秸秆，萝卜苗已是葱郁苗壮；寒潮来前，硕大的萝卜除了腌制咸菜外大多用于喂猪，其上修长丰盈的萝卜缨则被农妇洗净晾晒，待干至大半时用足量的盐和烧开凉冷的植物油反复搓揉，随后装入菜坛压实，这便是盐夫一年的菜肴。盐夫挑一趟盐往返少则五六天，多则二十余日，一路之上从不吃菜，山里人就把这种腌制过的萝卜缨一把把缠起来让盐夫带在征途，吃饭时掏出几根比面条长了许多的萝卜缨握在手中，从底到尖顺着嚼上一口就着盐背子饭，倒也有滋有味。路程特远的盐夫对这种菜肴是不敢奢望的，他们只能靠有这种菜的盐夫施舍几根，因为这种菜在盐道上是稀有而珍贵的。现在，每当秋霜来临时，你还会看到巴山地区广大农村的房檐下、河边石头上、树杈上成片晾晒的萝卜缨呢。

相传，有一鄂西盐夫在一盐店吃饭时，急于小解，转至店家屋后，见一丛灌木，其叶硕大肥嫩，叶上有斑点花纹，状如斑鸠，因长期无菜心中空虚，便摘了一把嚼在口中，声称是老板娘悄悄给了他菜吃，引来同伴一片忌妒。岂知这斑鸠叶苦中带涩，不可食用，便吐于火炉柴灰中。待大家明白过来，一通玩笑尚未开毕，只见所吐之物在灰中凝结成了一种淡绿色的晶体，细腻光滑，形同豆腐，于是大家七手八脚剔来树叶捣滥过滤，用土布封盖，上面铺满柴灰，仅一会儿，那"豆腐"果真成功，用辣椒和盐一拌，那美味只有神仙可知。于是，这"神物"便有了"神仙豆腐"的美名，且一直流传了下来。部分农户看准了商机，将这种树移栽至房前屋后，其叶掐了又长，长了又掐，这"神仙豆腐"细腻光滑，鲜嫩可口，绿色保健，产量特高。现在的菜市场偶有出售，价格不菲，山里农家来了贵客也有特意制作的。

因为盐，山里人的生活变得有滋有味；因为盐，异彩纷呈的民俗俚语沉淀了下来，形成了不被外界知晓的独特文化。所以山里人面对各种不同的民俗时会说："路隔三十里，各地一乡风。"其实，这乡风习俗正是聚盐迁徙或盐夫落户盐道而保留下来的异乡习俗。

七月半又称鬼节，是老百姓极为重视的一个节日，当地有"年小月半大"之说。这一天，娘家除要接女儿回家团聚外，最主要的活动是祭祖，人们用纸钱封包，写上已故亲长的姓名，焚于户外，并扬声呼其称谓，意为呼喊亡者前来接收银钱，以示对亲人的哀悼。这户外烧纸钱倒也讲究，要在交叉路口画一开口的大半个圆圈，每个圈只能一个亡灵独享，若是针对长辈则要跪着烧。七月半，顾名思义理当为农历七月十五，可在盐道上偏偏就有不少七月十二就过月半的，即便同一院落也是各按各的习俗过，几千年来全然如此。

传统的春节在民间称为过年，除夕为农历腊月三十，但在盐道上却不尽这般，有腊月二十四、二十八、三十，而禁忌和规矩也是各有不同的。就说杀猪吧，按农历算，有的要选单日，有的专挑双日，有的则选当天属牛、属马才杀。

除去封建迷信的糟粕，有许多忌讳的风俗神秘而又不朽，流传至今，让我们依然感受到古朴神秘的传统气息，触摸到历史的光芒。

　　在秦巴山区，年头、年尾、节庆、婚丧嫁娶忌讳很多。如正月春节头三天忌拿针线、剪刀，有是非不断之说；忌泼水、扫地，水、土皆代表为财富，不能将财富赶走；忌用汤泡饭，寓意"泡汤"，做不成事；二月二，龙抬头，是理发的好日子；七月鬼节不剃头，十月不洗被褥床单，有被湿（背时）走霉运之说；腊月二十四，相传是老鼠嫁女的好日子，新人在这天结婚，会白头到老、多子多孙。

　　日常生活中的禁忌也很多。如卧室中的镜子不能对床，民间的说法是镜子能摄魂，伤人元气；房屋旁边不能种黄连、桑树、无花果等，农村里有说法，"杨树成园暴发户，连树成园苦中苦，桑树成园出寡妇，无花结单果，没有老婆过"。出门办事不说不吉利或不祥预兆的话，如：今年再也不来了，明年不来了，或永远不来了；在家里不能撑伞，撑了小孩子会长不高；用餐前筷子一定要整齐放在饭碗的右侧，不能放置在碗上或竖插在饭里，只有祭奠死去的人才会这样做；等等。这些都是客乡的盐夫们在几千年的盐运中留在盐道上的民俗烙印，也是盐道居民多是他乡异客的佐证。

　　盐道上，长辈和邻里常常会双手托住男孩的两腮提离地面，叫作"称盐"。疼痛虽常使小孩逃之夭夭，但这却是最真诚的祝福，意为小孩无病无灾，苗壮健康，如盐夫般结实。到现在，农村小学的孩子们还玩"舂盐"的游戏，即两人背对背，手臂互挽，一方反背起另一方至一定高度放下，另一方则就势反背起对方，有节奏地往复运动，这游戏就是从家人用石臼捣锅巴盐演变而来的。

　　盐的历史太久，烙印在人们灵魂深处的内涵太深、太多，以致将盐的功能和意义化为了口语而运用在生活之中。

　　大河里撒把盐——管得宽，意为干涉与己无关的事。

　　吃腊肉不放盐——有盐（言）在先，意为之前有约定、有告知，不可更改。

　　说不进油盐，意为顽固，盐都不能渗透进去，做不通工作。

　　打死盐背子，意为用盐太多、太咸。

　　往伤口上撒盐，即揭人伤疤，说人痛处，落井下石。

喝盐开水聊天——说闲（咸）话，即说东道西，搬弄是非。

我吃的盐比你吃的米多，意味老到，有经验，阅历丰富。

添盐加醋，即传话不实，随意夸大，扭曲原意。

盐贩子摆摊——走到哪里哪里嫌（咸），表示都不喜欢。

盐缸里出蛆——稀奇，表示不可能的事。

盐堆里爬出来的人——闲（咸）话不少，即废话连篇。

盐堆里的花生——闲人（咸仁），即无所事事的人。

盐碱地的青苗——稀稀拉拉。

盐碱地的庄稼——死不死，活不活。

盐店起火——烧包。此为地方方言，意为愚蠢。包为盐包之意。

盐店里卖气球——闲（咸）极生非（飞），比喻空闲没事结果惹出事来或无事故意制造出事端来。

盐店里冒烟——生闲（咸）气。

炒咸菜放盐巴——太闲人（咸）了。

吃多了盐——尽讲闲（咸）话。

口渴喝盐汤——错上加错。

打油的不买盐——不管闲（咸）事。

盐场的老板——爱管闲（咸）事。

盐店老板转行——不管闲事，即不管与己无关的事。

悠久的历史沉淀，使得因盐而生的故事丰富多彩且经久不衰，因盐而生的文化正如陈年的老酒弥久愈醇，特别是那些与做人、做事相关的传统美德已成为民间教育后世的标尺和约束自我的准则。即便是在时过境迁的今天，盐道，这条没有断层的文化走廊还依旧闪烁着它的光芒。

史海钩沉

“蜀道难，难于上青天。”

秦巴大地，尤其是大巴山腹地，从远古到新中国成立，主要的交通道路就是万山丛林中的羊肠小道。这小道也是盐道，它既是社会经济的大动脉，又是山民生产生活的重要交通路线。但盐道却不同于云南、贵州的茶马古道，盐道上是没有马帮驼队的，因为秦巴深山处处都是悬崖绝壁、江河奔流，骡马均无法行走。所以大宁盐一直依赖于人力挑背，直至20世纪70年代末，最兴盛时供给地域覆盖了整个秦巴大地及其周边地区的十一省区。然而，历史跨越五千多年，盐道纵横数千公里，却少有史料记载，其原因是非常复杂的。但根本的原因有两点：一是历代王朝均以苛刻的盐法制度垄断着盐业的生产和运输，但在莽莽秦巴大山的掩蔽之下，私盐的猖獗却一直与官盐伴生至新中国成立，而且销量是官盐的数倍，这种现象官府的"正史"是不能记载的。二是至今也还残留着的国人的文化惰性所致，身边的、拥有的、司空见惯的总是平常的、不经意的，就像今天许多并未重视的事件和资料档案一样，只有失去或成了历史我们才发现了它的价值，只有濒临消亡才知道原来那是宝贵的文化遗产，于是，再花大量的人力物力去拾回那些断续的记忆。大宁盐厂自虞夏开始至1988年产盐1.6万吨后完全停业，由此而延伸出来的秦巴古盐道也恰如一个民族生命的脉络，呈现出生命的张力，记录着历史的足迹，直到它的物质功能完全消失在秦巴大山之中。

绵亘交错的秦巴古盐道自20世纪70年代末人力挑背食盐终结，迄今已有四十多年。期间各地的建设开发使这一古道遭到了毁灭性的破坏，数千公里的盐道所存遗迹不足十分之三，当年喧嚣的盐店和繁华的盐道大多已无痕迹。随着社会化进程的加快和民众生产生活方式的改变，盐道已退出了历史的舞台，淡出了人们的记忆，荒芜在大山深处，直到两位老盐夫与我一次偶然的交谈才将这条伟大而神秘的古盐道推到了世人的眼前。

20世纪60年代以前的陕南镇坪以及相邻的湖北、重庆相连山区的十几个县还没有公路和任何现代化的交通工具，历史以来"南山老林"的别称还真实地写照着这一大片区域的自然环境。千里林莽，万壑交错，形成了这里的荒蛮与封闭。我是在那年的秋天跟随支教的父母被挑夫从湖北挑来镇坪的，从未走出过大山的山民特别喜欢我儿时憨胖的样子和地道的湖北方言，常常用粗大的双手托着我的两腮高高地提离地面逗我，谓之"称盐"，那种疼痛最让我胆怯，就连后来看到村里大叔们就躲的场景至今也没有忘却。后来才知道，那是一种祝福，意味身体结实，无病无灾，壮如盐夫。再后来我也才知道，我家所在的小镇上大多男人都去盐厂背过盐，那些提着我以及有和我差不多大小男孩的大胡子山民们原来都是专业的盐夫。

　　20世纪60年代初，中苏关系急转直下，国内又正值"三年自然灾害"，国家经济空前贫弱，就是父母这样的国家干部发工资也只能是由人民公社指派到某一生产队自己去背回萝卜、洋芋或粮食。为减轻国家重负，中央出台了"精兵简政"政策，大批干部下放到农村去，我家就在一夜之间变成了农村人口，父母也变成了农民。我们所在的那个生产大队是全公社条件最好的，稻田占了耕地面积的一半，而别的大队几乎全年见不到一粒米，这是组织安排的。然而，父亲不会种地，特别是那些极陡的坡地，他几乎连走都困难，好几次劳动中锄头还挖了自己的脚。母亲从未从事过种地的体力劳动，而且我们兄弟姐妹五个，大姐才十二岁，小妹还不到五个月大，母亲能养活我们这群猴子一般的孩子就已经极不容易了。在那个按劳分配的时代，劳动力分为几个等级，最好的青壮年劳动一天记十分工，在年底的分配中十分工可以分到各种杂粮二到三斤和八分钱左右的现金，而我的父亲每天只能得到五分工。因此，那时我家的日子是极其艰苦的。在这艰苦的日子里，我至今仍记忆犹新的是缺盐。在我的记忆中，大概有三年左右的时间我家都是靠借盐度日的。由于菜饭没有油水，我们几个大的孩子就特别能吃，每顿饭即便是萝卜青菜，母亲也要煮一大锅，这又增加了盐的用量。起初，是母亲向乡邻去借，久了，母亲碍于面子就让我和我哥轮流去借，还特别嘱咐我们嘴要甜，要称呼别人后再说借盐。在镇坪，同一个大队，同一个村子或院落，对长辈的称谓都是不同的，那些称谓的发音

盐道上的道观——金狮观

就是现在我也没能找到可以取代的汉字，但我终于明白，这是几千年来走盐道时全国各地的先民趋盐而迁所带来的异域文化。母亲常常将一个很小的白瓷汤勺递给我并指定我去哪家借，我就和我哥盘算着他借了几次，我借了几次，少一次的就轮到这次该去了。有时连续几家都无盐可借，我家就只能断盐了，最长的一次断盐有四五天。借的多了，还的自然也多，每每买回盐来自家总是所剩无几。

父母是教师，知道读书的意义，即便再苦，我们三个大的孩子还是上学了。山村的小学简陋而单调，课余活动除了自制的木陀螺和滚铁环，就只有"舂盐"了。两个孩子背对着背，将胳膊反挽，有节奏地相互背起、放下，绕着教室或操场往复运动，这种运动是我儿时最深的记忆，它给了我小学六年的快乐。

世间的事还真有机缘巧合一说。四十多年过去了，我做了关于文化文物的工作，出于对文物工作的认识和增加文物管理所的文物藏量，2005 年夏我组织了一次县级文物普查，在普查的基础上经过筛选甄别确定了一批民俗文物的征集，这其中就有盐运工具。这天，我们来到红阳乡云雾村一位老盐夫家，当我讲明来意和文物收藏的意义后，老盐夫欣然同意将他视为珍宝的盐运工具捐献出来。这是一条形如满弓的桑木扁担，重十二斤，高肩打杵，光滑精致，三道铁箍牢牢地固定着下端的铁锥。我们给了他补偿正要离开时，老盐夫站起身来说他还要仔细再看看这跟了他半辈子的挑盐工具。随后，他接过扁担和打杵在水池旁用毛巾洗了又洗才再次交给我们。下山的路上，我们正谈论着老盐夫寄托在盐运工具上的那份感情时，远远地传来了老盐夫的叫喊声："领导喂，你们等一下哟。"我们心想这

探查盐道现场记录并绘图

下完了，他肯定是后悔了来要回工具的，我们便坐在谷底溪边的石头上等着。他来了，又一次接过扁担仔细地看着，像抚摸孩子般轻轻地抚摸着，并喃喃道："它跟了我二十多年，我就靠着它挑出了一个家啊。"他的表情是那样凝重，老泪纵横在他那饱经风霜的脸上，我们感到，只有历经了那生与死的盐运，才会对形影相随的盐运工具有着那样深重的感情。我知道，他洒在盐道上的青春岁月正在他的脑海中回放。第二年，当另外两位老盐夫向我讲到他们背盐的故事时，我内心那根因盐而脆弱了的神经被触动了。不久，我背起了行囊，向着五千年的盐道走去……

第六章　重走秦巴古盐道

盐道觅踪

那是一个深秋的季节，层层叠叠的远山几乎完全由黄变成了黑褐色，凭着深山生活的经验，我认为这正是进山的最佳时机。那些疯长的藤蔓和遮天蔽日的莽莽森林落尽了它们最后的黄叶，阳光可以斑驳地照进森林了，视野也开阔了许多，这不仅大大提高了安全系数，同时也为我们在漫无边际的森林中穿行增添了勇气。

大巴山第二大主峰化龙山

設置白河廳

湖北邊境應改設文員以資治理也。查楚省鄖陽府屬之房縣竹山竹溪三縣與四川之大寧巫山陝西之平利連界，相距各縣治均在五六百裏以外，中間高山深谷，客民雜處，最易藏奸。縣治相距較遠，地方官實屬稽察難周。今察看情形，竹山之白河口爲適中扼要之地，必須于該處添設撫民同知一員，并設學官照磨各一員，以資治理。查有德安府通判與該府同城政務甚簡，應請將通判裁汰改爲白河口同知，定爲題缺，五年俸滿保題，即將德安府司獄改爲白河口撫民同知兼管司獄事務，共應需學官一員，查保康縣向設教諭訓導二員，應將該訓導裁撤，改爲白河口同知訓導以資訓迪。又竹谿縣之豐溪地方，房縣之轉磨坪地方，均系遠境扼塞之區，應于該二處各設巡檢一員，專司巡緝，以昭嚴密。查有宜昌府司獄可以改爲豐溪巡檢，房縣之板橋巡檢可以移駐轉磨坪，改爲轉磨坪巡檢，并將房縣九道梁巡檢統歸新設之白河口同知管轄。

道光元年

大巴山腹地匪患无尽，设置白河厅以维护社会安宁

我不知道有谁能为我提供挑盐背盐的线索，更不知道哪些老人就是当年的盐夫。已知的就只有七十四岁的刘让青和六十八岁的陈学坤两位老盐夫，是他们打开了我与盐道的情结，拨动了我探索盐道的心弦。

因为没有线索，我试探地对两位老人说出了我要走盐道的计划，没想到他们立即兴奋起来，自告奋勇要做向导，但他们毕竟年近古稀，难以揣测的盐道安全让我谢绝了他们。可他们一下站了起来，铿锵有力地讲着他们当年挑盐的豪迈和如今身体的结实。见我仍在犹豫，两位老人才终于道出了实情：他们悲喜交集的青春岁月留在了盐道上，那一路上的栈道凉桥，峰壑沟溪，寺庙盐店，无不定格在他们的心中。三十多年过去了，他们已是儿孙绕膝、衣食丰裕的老人，可他们一生的感情已不能与盐道割舍了。刘让青恳求地说："这辈子我也就只走这一回了，我要回去看看我们这些盐夫当年是怎么活过来的，不说向导，你给我们个机会，让我们了个心愿。"望着他们含泪的眼眶，我已无语，站起来紧握着他们粗糙的大手哽咽着点了点头。

出发前的准备是充分的。我们在纵横交错的盐道中选定了要走的段落，并由两位老人详细介绍了这一路的吃住和道路情况，在征得老人儿女同意

当年的盐运码头

当年的一处盐运驿站（已改造）

当年最繁华的三岔盐店残存的老屋已不足原来的三分之一

后我们出发了。

天刚蒙蒙亮，我们匆匆吃过早点乘车来到了鸡心岭脚下，我们必须要在有限的时间内穿过陕渝交界的这一大片森林，如果天黑之前走不出这片森林，那随之而来的后患和危险将是不敢想象的。这里，是巴巫山脉碰撞交会隆起的一座高山，是大宁盐运往陕西及鄂西北的必经要隘，也就是严如熤笔下"即飞鸟亦难以过"的鸡心岭。驻足谷底，仰望山巅，深秋的浓雾在半山涌动，将四围的山一起混沌在天的迷茫里。一切是那样寂静，只有汩汩的泉音回荡在峡谷里。没有风，但我们的衣服却很快变得潮湿起来，从背部到脚底都渗着透心的寒气。我们每人分了两瓶矿泉水和一袋方便面就准备登山了。

两位向导凭着他们四十多年前的记忆在沟溪边寻找着上山的盐道，他们扒拉着荆棘藤蔓，自言自语地嘀咕着、争论着。突然，刘让青大叫起来："在这儿，就是这儿。"原来，他拽着一根粗大的藤子，打算到斜坡上去看看，结果一用劲儿藤子弹了起来，随着一大片草皮的脱落，光滑的石阶露了出来。虽然露出的石阶只有几步，但其规模已见端倪。匀称的青石条长一米二至一米五，宽二十五至三十厘米，厚约二十厘米，从石质看这些人工打凿的石条应该来自很远的地方，因为我可以肯定地说在这全是石灰岩的大山里是绝对没有这种石质的。刘让青介绍说："这里叫百步梯，这样的石阶有一百多步呢。"

说是盐道其实并没有路。四十多年的荒芜，落叶和灌木已完全覆盖了路基，刺竹从石阶的所有缝隙中疯狂地长着，使许多石条已断裂移位，部分盐道的中央树木已有差不多二十五厘米左右的直径。我们在沧桑破败的盐道上艰难地寻觅着、攀登着。走完百步梯，太阳已升得老高了，看看来路再看看前面，除了依旧是黑压压的森林和成片的刺竹外，唯一的变化就是听不到山泉的声音了。我提议休息片刻，可向导说前面是碑梁子，有三个百步梯的路程。我立刻担心起时间的紧迫，不敢懈怠，只好扔了矿泉水，脱下外衣缠在腰间继续攀爬。

废弃的盐道和民房

　　碑梁子并没有碑，而是鸡心岭半山腰的一座子山，山脊又高又陡，与百步梯相比，没有了刺竹和藤蔓，林木也稀疏粗大了许多。如果说是盐道，这里则完全没有"道"的概念，也没有路的痕迹。说来也怪，两亿多年前的地壳运动就是这样恰到好处的在这里造就了一条天然的石蹬道！这里的盐道没有人工开凿加工的痕迹，而是在浑然一体的山脊上自然形成一个个大小不一的石蹬，石蹬绕着山脊左右扭转，每步高低极不规则，若负重或隆冬冰雪天气行走，其危险如履薄冰。向导很自豪地告诉我，这碑梁子的名字就是他们盐夫取的。他说，碑梁子有两层含义：一是远看这座山就像

探查盐道

一块斜立的碑，山脊就是碑棱；二是这段路上不知摔死了多少盐夫，他在往返的运盐途中就亲手掩埋过四个盐夫，至今他也不知道他所掩埋的盐夫姓什名谁，何方人氏。后来，继续走在这条盐道上的盐夫们就议论着要在这里立一块很大的碑，以悼念那些死在这里的盐夫。

坡势变缓，树林中似乎有了路的痕迹，我心里一喜，这艰难的一程该走出头了。可就在这时向导告诉我，前面就是剪刀峰了。不知是被剪刀峰的名字所吓还是累极所至，我的保暖衬衣的后背已完全湿透，秋裤也裹在了腿上。向导似乎看透了我的心思，笑笑说："我们是从剪刀峰的根部绕过去，再走过窝坑就到鸡心岭了。"我这才长长地舒了一口气。

如果用鬼斧神工来形容剪刀峰那是再贴切不过了。在这高山之巅竟然又有两座修直挺拔的高山直插云霄，其形极似微张的剪刀，我这才明白了清代严如熤在描写鸡心岭时所说的"即飞鸟亦难以过"。仰望峰巅，一股莫名的寒气袭来，我暗自庆幸盐道是绕行的。

其实，山高到了一定的程度也就只是缓坡和台地了。绕过剪刀峰，前面豁然开朗，艳阳高照，森林和草地几乎毫无过渡地划出了明显的分界。比人还高的一种野蒿在晚秋的风中无精打采地耷拉着头，几颗挂满果实的野刺梨分散在蒿丛中格外显眼，目所能及的十几亩地全是这种比人工种植还要浓密整齐的野蒿一直地毯式地延伸到远处那浑圆的山头，这就是窝坑了。既要保护眼睛和面部不被划伤，又要不丢失好容易才

盐道上的剪刀峰

寻找到的隐隐约约的盐道，我们只好猫着腰钻行在蒿丛中，结果向导丢了。我立即大喊起来，几声之后他们答应了并让我过去。寻着声音，扒开蒿丛胡乱地踩过去，眼前是一片三四亩地的凹地，野蒿突然中止，留下一大片绿茸茸的草地。靠近山根的边沿一排三间的土墙房仅剩下明显的房基和土墙的残垣，房屋的木架和青石板坍塌在地基上。两个向导面色凝重，一言不发，绕着房基缓慢地走着、瞧着，还不时地弯下腰去摸摸石头垒砌的墙根，之后两人又不约而同地走到不远处的一棵大核桃树下久久地合抱着这棵大树。看着他们的举动我不禁笑了起来，没想到姓刘的向导一下就火了，并提出他要返回不再为我带路。我显得尴尬而不知所措。姓陈的向导告诉我说："你不知道，盐道上的每一处盐店都是我们背盐人

向导带领大家寻找盐道的具体位置

的家，店家都是我们的亲人。这条盐道上每天都有上千人往来，盐店都是深山里的农户开的，大店可住二三十人，小的只能住五六个人，盐夫们如果找不到盐店食宿，不被野兽吃掉也要被土匪打死，何况这家店老板还救过他的命，接济过好多过往的盐客哦。现在这家人死光了，房子也塌了，触景生情啊。"我的心震颤了，我为刚才的贸然一笑而后悔不已。在我诚恳地道歉后，我们又匆匆地向鸡心岭进发了。

一望无际的远山如大海波涛一般呈现在深灰色的云雾之中，自然造化的神来之笔说的大概就是这里。自西向东的大巴山延伸于此，被由南向北的巫山山脉拦腰撞击形成了以鸡心岭为中心的巨大褶皱带。站在鸡心岭上东望湖北，南瞰重庆，背依陕西，已不知自己所归何处，瞭望四周大有航拍的激动与慷慨。奇怪的是，陕西和湖北的山大多坡度较缓，植被茂盛，而重庆的山绝大多数都是拔地而起直插云霄的绝壁。向导说盐道就迂回在这些绝壁下的缝隙之中，前面的路更艰苦。所以我们并未停留，只是站着

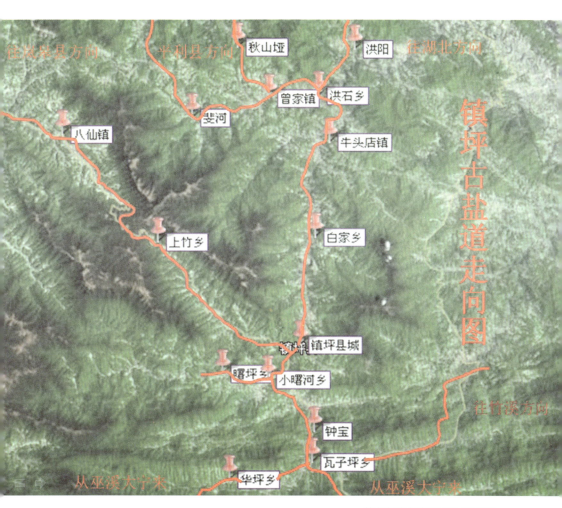

盐道在陕南镇坪县境内的走向

喘息了几分钟便开始下山。

　　从鸡心岭到大宁河是一段三十多里的急下坡，名曰"铜罐沟"。四十多年的荒芜盐道已基本无"道"了，我们只能凭着向导的记忆和大家的讨论判断穿行在森林中。我们已没有力气说话，只有泉音和鸟鸣。出发时向导说沿途都有盐店，食物和水还是能够解决的，所以发给每人一袋的方便面早在上午十点多就已经干吃了。现在看来，除了一路所见的盐店残垣外，所带的人民币已完全成了废纸。突然，姓陈的向导发现了一树野李子，我们一下拥了过去，拉过树枝摘来就塞进嘴里，哪知一咬破一股又苦又涩又酸的汁水一下就溢满了口腔，就连那味道在舌尖上传输的路径都能感受出来，大家张大了嘴使劲地吐着。刘让青到底是老盐夫，经验丰富，他在岩缝中拔起一些苗像萝卜的植物，指着下面拇指大小的块茎说："这叫奶浆菜，我们背盐路上太饿时就找这个吃的，味道不错。"看他吃得津津有味，我也照着他的样子去掉上部的苗，用树枝刮净褐色块茎的粗皮和泥土，将那种冒着白色浆液的野草塞进了嘴里，苦涩中有一种淡淡的甜味，只是中药味儿太浓，浓得叫人无法吞咽，但这毕竟为大家长了精神。

绕过一道山嘴，不远的一处台地上坐落着几间土墙石板房，我们立即奔了过去。及至房前，刚刚兴奋的劲头便极大反差地落了回去，希望变成了失望。这里叫三岔，四条山溪在此交汇冲积出一片四五亩地的平坝，四间土墙石板房歪歪斜斜地坐落在平坝靠山的一侧，门前的泥土院坝长满了黑绿色的青苔，没有鸡和猪的迹象，就连狗也没有，屋旁长势极差的玉米和菜地俨然没有瓜果飘香的丰盈，老屋在苍凉破败中渗着凉气。向导说，这里曾经是盐道上最大最繁华的盐店，磨盘床就是这家盐店独有的。那时，旁边还设有妓院和烟馆，冬春之间收盐税的税警就驻扎在这里，现在的房屋只是一角。我好奇而小心地推开似乎一碰就会倒下的柴木门，屋内突然传出一声沉闷的"坐嘛"，吓得我大叫一声跳出门来。向导刘让青对这老屋既熟悉又有感情，他径自走进屋内，不一会儿搀出一位八十多岁的老太太来坐在木凳上，我们便在院坝的石头上、木柴上胡乱地坐下。好像什么也没有发生，好像我们这些人根本就不存在，老太太就那样耷拉着脑袋看着脚前的地面。许久，刘让青对老太太说到当年这里盐店的繁华热闹，说到老板娘的厚道热情和慷慨施舍，她才抬起头来，眼睛里也有了一丝光芒。一直凝视着老太太的陈坤学突然站起来惊喜地叫道："老板娘，她是老板娘。"老太太颤巍巍地起身与他们对视，接着三个人的手握在了一起，老泪在他们的脸上纵横。显然，过往盐夫太多，老太太已记不得他们。陈坤学说："那年半夜税警来收盐税，我身无分文，他们就要抢我的盐，我死死地抱住盐包不放，他们一木棒就把我打晕死了，等我第二天醒来盐还在，原来是你替我交了税钱。"老太太笑了："那时你们都是二十出头的小伙子，我也才三十多岁，光我一个人埋那些摔死的盐夫就埋了九个。"看着他们，听着他们的对话，我们没有一个不哭的。

三岔一坐就动弹不得了，肿胀的两手已不能蜷缩，划伤已成了斑驳交叉的黑色血痕，扎进的野刺也不能知道确切的位置了，两条肿胀麻木的腿似乎并不是自己的，脚上的泡破了起了再破了，血流在鞋底有些打滑，但看着西下的夕阳我们还是咬牙向着更深的谷底走去……

走出铜罐沟已是下午五点多了，这是铜罐沟与大宁河交汇的一大片台地，叫龙泉。20世纪50至90年代这里是一个乡政府的所在地，有国营食堂和旅社，随着撤乡并镇和"高搬低"政策的落实，这里已是人去楼空。从三岔动身我们就计划着在此暴吃一顿，再美美睡一觉的，可眼前的景象让我们猝不及防，每个人的心凉透了。

盐店当年的老板娘

盐夫小憩

　　我知道，大家只是行走，而我还担着一份责任。我问向导前面最近可以吃住的地方。向导一脸茫然地告诉我："一切都变了，我哪儿晓得嘛。"我不敢让大家露宿峡谷荒野，更不敢想象露宿峡谷荒野的后果，便鼓励大家抓紧赶路。这是一条废弃的单车道土筑公路，比人还高的芦苇已完全占领了两旁的路肩，路中央延伸着一条绿色的草带，沿着车辙碾过的两条线我们小跑式地前行起来。天色黑尽的时候我们发现了农户，这是一个整洁的院落，两层的小洋楼内亮起了灯光。看着院子中停着一辆破旧的桑塔纳我立马来了精神，希望能说通主人送我们一程，便上前敲门。屋内一阵静默后门开了，一个四十多岁的男人被我吓得退到了屋子中央，我这才望望自己：鞋子被厚厚的泥浆包裹着，形成了与裤管相连的过渡色，裤管撕破的地方吊着几缕布条，露出了肌肉，外套从屁股后面包抄过来将衣袖绑在腰间像穿着一条半拉的裙子，一根带枝丫的木棍拄在手中，我知道，既然能把一个男人吓退，那面孔则是最吓人的部位了。待我小心翼翼地说完来

在盐道上

盐运行进中

意，男人才缓过神来生气，挥着手说："去去去，这不是公交，是私家车。"
看着大家又累又饿站立不稳的样子我提出了高价租车，男人来了精神说：
"最近的有吃有住的地方只有徐家坝，这里去十三公里，包车四百块。"
我正要讲价，男人却一摆手说："莫消讲得价，不是你们运气好我刚好下
午回来，这条沟半年都见不到一辆车的，你们晓不晓得哟我这是么子车？
桑塔纳呢。"

我们没有租车，而是凭着毅力走到了徐家坝。

第二日中午，我们终于见到了传说中的中国第一眼盐泉。

走近盐夫

我的灵魂被初探盐道的感受强烈地震撼着。不到七十里的盐道我们在

没有任何负重的情况下整整走了十三个小时，而且我们所选的这一段是不包括栈道、栈桥、槽道和渡口的。

只有体验才有感受，盐道的凶险和艰辛深深地刻在了我的记忆之中，盐夫们身负二三百斤盐巴常年跋涉在这高山密林间，与野兽、与兵匪、与疾病、与自然抗争的情景形成了我脑海深处一幅幅翻滚跳跃的画卷，这画卷延展着中华民族五千多年的历史，包容着一种特有的坚毅和伟大。一种冲动萌发了：我要走遍秦巴古盐道，我要在四千多公里的秦巴古盐道上去了解中国盐业的发展，去了解这种原始的人力运输与社会结构变迁的关系，去了解五千多年来一代代盐夫是凭着怎样的一种气节和精神从事着这一非人的职业，进而去认识我们这个民族之所以生生不息的内因。

我深知这一冲动所要面对的艰辛和责任，但盐夫的生活、盐道的神秘、盐与国运民生的关系等种种谜团却成了我心中的结。2009 年仲夏，我们拟定了调查提纲和行进路线，印制了两千多份问卷调查表，按区域和线路将十个人分为两个调查组，正式开始了对古盐道和老盐夫的调查走访工作。为让大家对这一眼盐泉的历史有所了解，使本次调查获得更多更翔实的资料，我们两个组同时到达大宁，计划走完总干线到镇坪的分支线路后再分开，但当我们从盐源地走到镇坪时我们的队伍就只剩下五个人了。

老盐夫向我们讲述挑盐的经历

老盐夫于又才

老盐夫周友弟

　　尽管出发前大家都有了充分的思想准备，而且都是自告奋勇参加的，但这种野外跋涉和生存环境还是很快使部分人被淘汰了下来。第一天就有人开始拉肚子，有人脚底的血泡一个接着一个，行走都困难了。当第二天走到镇坪时已有两人病倒，三人不能行走了。

　　在苍茫荒凉的秦巴盐道上钱是第二位的，你必须把生存和自救放在首要。荒废了四十多年的盐道早已没有了昔日的繁华喧嚣，高山峡谷间的盐道上往往几里乃至几十里的路段都没有人烟，穿行在完全被荆棘丛林淹没的盐道上，大家渴了就喝山沟里的泉水，饿了就找野果或地里的黄瓜充饥，拉肚子也就成了必然。从大宁出发的第二天我们走到了一条叫后溪河的山沟里，在近四十里的盐道上仅有四家农户办着家庭式的小卖部，不同牌子、不同包装的方便面全部买光也只有七袋，我们只好在这一天的下午在后溪河最源头的一家农户用五元钱买了一壶开水泡在一起分享了这一天的午餐。

　　我们重新组合了队伍，只留下身体最棒、意志最坚定的五个人又向着盐道出发了，这一走就是一百六十四天，行程近五千公里。

　　在陕、鄂、渝两省一市的盐道上，我们走过了二十二个县一百八十七个村镇，采访到了健在的老盐工、老盐夫二百余人，翻印了三十余万字的文史资料，收录了近八十小时的音像资料，拍摄盐道照片三千余张，问卷调查二千二百份。随之，这条深藏在秦巴大山深处已有五千多年历史的神秘古道被推到了世人面前。

亲历盐道，走近盐夫，一种敬畏和膜拜油然而生。如果说我们过去对民族精神和气节的理解是抽象的，那么在这条古道上你就能够感受到它的真实与存在，而且可以触摸到我们这个民族最坚实的脊梁！

盐道上一个地区的盐夫将盐运至某一转运点后又由另一地区的盐夫接力，而每一个转运点的盐运路线又是根据不同地理环境和人口数量而变化的。因此，即便是专业的盐夫，他所知道的盐道路径也是极其有限的。没有健在盐夫的线索，更没有知道完整盐道路线的向导，我们只能双向走访，缓慢前行，其难度和艰辛是不言而喻的。

一天，我们在鸡心岭的一条山梁上碰到了一位正在种地的老人，看他那精神矍铄的体貌特征便知道他大概与盐运有关，因为在秦巴地区像这样的男子基本都与盐运有些关系，我们就是这样一路走访过来的。几句寒暄之后，我们便向老人说明了来意，他的目光顿时凝滞起来，脸色也发生了骤变。正当我们怀疑他是否听懂了我们的问话或是否有表达的障碍时，沉默了许久的老人长叹了一口气抬起头来，那张饱经沧桑的脸上不知何时已布满了泪水。他摇着头问道："好多年了，你们还问这个做什么？"

当我再次向他说明时，他的面部变得更加痛苦起来。他叫王崇堂，八十三岁。他说："我不挑盐，我是背死人的。"看着我们的惊愕样子，在一阵寂静后老人将我们一起带进了他所经历的悲惨岁月。他说："民国初年父亲逃难来到这里，挑盐没有本钱，自己又没有土地，住的地方是一片面积很大的陡坡，坡的下沿是一处几十丈高的悬崖，四里多路的盐道经过这里，每年都要摔死好多运盐的人，家属来找尸体就请我父亲背上山顶，主人家给些碎银子，找的人多了就成了本行，父亲去世后我又接着背。这条盐道上一年四季南来北往的挑盐人就像蚂蚁搬家一样，不论冬夏，只要一步不稳脚下一滑那就是九死一生。到了下雪结冰的那几个月根本背不过来，我一天只能背两个，可远地方的家属守着哭着请我背，人心都是肉长

乔万堂说：土匪抢了盐，还打瞎了我的眼睛

的啊，我只能晚上打着火把背，我最多一天背过四个死人的。"老人停了下来，抹了一把眼泪说："算了，说不得了。"我这才缓过神来看看大家，我们五个人的眼睛都早已通红了。我长长地舒了一口气对老人说："老人家，讲吧，把你们的苦难讲出来，你们再不讲后人就真不知道你们，也不知道盐道了。"老人抿了抿嘴又继续起来："这一带山大谷深，人烟稀少，有的盐夫摔死了臭了才有人发现，发现得晚的尸体一动就要散架，我就找来席子和布卷着用藤条缠结实了横着背，如果是热天，山又陡，路又远，臭得人出不了气，不管人家给好多钱，不管有多臭，我还是要背，总不能让那些死去的人臭着烂着吧，做人嘛，总是要积点德的。"同伴小丁和小柳已跑向一边呕吐起来，但我从老人的神情中看出他还有更多的故事，便默默地坐在他身边。

果然，老人沉默了一会儿又开始了。他说："山里的冬天长达三个多月，大雪封山了，人的活动范围也很小了，单独行走的摔到山下根本就发现不

十五岁开始背盐的专业老盐夫

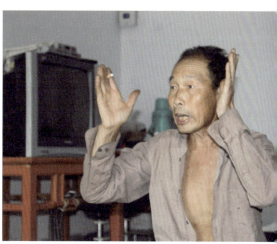

王忠树讲述着盐运的艰辛

了，特别是被野兽啃咬过和时间太久的就更难背了。有一年大雪天我背一具尸体，从雪堆里扒出来时比冰柜里冻的肉还硬，我就用草席子裹了往山上背，哪晓得走到半路上太阳一照冰化了，先是胳膊掉了，后来一条腿也掉了，我只能卷成一个圆疙瘩背到上顶，好可怜啊，他家里的人都哭晕死了好几回。"老人哭着讲着，我们也用眼泪陪伴着。我们不敢想象这是一种怎样的职业，可没有这样的职业又会有多少逝者暴尸荒野呢？我知道，我们的询问再次撕裂了老人的伤口，让他讲出了他所认为的这羞于启齿的职业，但我们对他却是肃然起敬的，这不正是人性的本真和良心的复苏么？

我们翻过了大巴山第二大主峰化龙山，在一个地名叫作八仙的地方看到一位老太太坐在自家的房

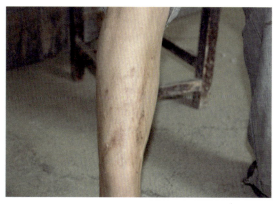

谢振举说那年冬天他摔下悬崖，盐没了，腿断了，留下了终身残疾

檐下晒太阳，便上前打听她是否知道盐运的故事。老人叫张德凤，八十六岁。她告诉我们："我们家没有去大宁厂挑盐的，父亲死得早，母亲带着我和姐姐靠给大户帮工过日子，我家一年吃三斤盐，是用粮食换的，一斗黄豆或一斗苞谷换一斤盐，所以我家断盐的日子是常事。民国二十七和二十八年闹盐荒，这方圆一百多里除了大户没有哪一家有盐吃。我母亲得了水肿（浮肿）病，身体都肿圆了，皮肤破了流黄水，姐姐请来草药郎中一看，说是母亲啥病都没有，是长期不吃盐的原因。为救母亲，十九岁的姐姐带着十六岁的我给大户种了一天地换回了一碗很淡的盐水，母亲只喝了一口就要我们煮一顿有盐的菜汤大家都吃，结果没几天母亲就去世了。"

　　老太太的讲述正是我所调查的秦巴山区抗日战争时期那段盐荒的历史。武汉会战前后，为保障战区供盐，盐厂生产的食盐一律运往战区，浩浩荡荡的盐夫在军队的武装押运下将食盐运往湖北方向，民间供盐则完全停止。百姓们为了弄到食盐，扮作过往行人通过盐厂关系将食盐缝在棉袄

盐夫敖全提

或衣服的夹层中，有的将绑腿做成夹层，把盐均匀的铺在其中再缠在腿上，但这种夹带一旦被严格的关卡检查发现即会关押数日，并以苦力来填补自己的伙食费，严重的还会受到皮肉之苦。这一时期，许多民众因长期缺盐而开始浮肿，仅以鸡心岭为圆心的陕西、湖北、重庆相邻的五县死亡人数就在两千以上。

我们的心情是异常沉重的。抗战的硝烟和盐荒造成的遍地哀鸿似乎就在我们的眼前，我想，抗战的胜利又何尝不是这些普普通通的民众用他们的牺牲换来的呢？

八十三岁的王泽芳是湖北省竹溪县中峰镇人，他说："我十六岁就跟我大哥一起去挑盐，有一年冬天，我们十几个人走到陕西一个叫母猪洞的峡谷里，大哥走在最前面，他突然看到前面一个黑影一晃，立即扔掉盐挑子就势向地上一滚，只听一声枪响，大哥的棉袄打开了花，可紧跟在他后面的王二麻子父子俩却被一枪打死了，我们顿时乱作一团，还没弄清怎么

湖北盐夫王芳泽

盐店老板罗兴河说他家世代开盐店，父母死后他又接着开，陕南的、鄂西北的盐夫们都知道他家的盐店

回事，几十个土匪就已经围住了我们。我们说尽了好话，有的在哭，有的跪在地上求情，土匪也见打死了人，就把我们每个人的盐抢去了一半破例让我们走了。回到家，母亲抱着我和大哥痛哭着说'好儿不挑盐，一年当十年啊'。"

走在四千多公里的盐道上，我们每一天都被盐夫们的故事震撼着，都被他们的眼泪洗礼着。历史远去了，你只有亲历盐道，走近盐夫，你才能真正理解什么叫作精神，什么叫作血性，你也才能清晰地感受到我们这个民族跳动的脉搏。

盐夫县长

陕南镇坪地处巴山山脉和巫山山脉碰撞交汇的隆起地带，北依秦岭，南接重庆，东连湖北，周边相邻十几个县都是山高谷深，林莽似海。在这恶劣的自然环境中有着五千多年盐运历史的黄金盐道，不仅为社会创造了财富，也为土匪的聚集生存奠定了基础。自明末以来，这一带扯旗扬帆的土匪帮系没人能说明白，他们自相殴斗又相互联系，至新中国成立前夕各路土匪已成为秦巴地区具有相当实力的地方武装。官府屡屡围剿，终因山高林密无果，倒是匪患愈加猖獗。1949 年 8 月，国民党眼见大势已去却又不甘心最后的灭亡，遂任命最大匪首柯玉珊为秦巴地区反共总司令，方继伊为参谋长，纠集国民党残余与各路土匪形成一万多人的部队建制，依靠打家劫舍、抢劫盐夫做着"反攻大陆"的美梦。为解放全中国，从 1949

绝壁上的盐道

年秋开始，人民解放军从四川、湖北、陕西包抄围剿，直到1950年2月才取得了最终的剿匪胜利，镇坪相邻的几个县才随之宣告解放，镇坪县人民政府的第一任副县长即为盐夫罗德学。

　　罗德学本姓温，原名温明学，后因成了罗家的入赘女婿才改姓罗。罗德学生于1917年3月，自幼家贫，从小靠给地主放牛为生，十七岁开始背盐，成为专业的盐夫直到新中国成立。这一字不识的盐夫罗德学能在1949年之际坐上副县长的位子倒也有些匪夷所思，但回顾其人，在当时镇坪的社会现实下，这个职位又似乎非他莫属。

　　正因为贫穷，吃苦耐劳、乐善好施、大度包容、侠义诚信等有关传统美德的词汇他是一应俱全。自小，他不吃苦耐劳就得饿肚子，他惹不起也不敢惹别人，何况还常常受到大孩子的欺负，他想不大度不包容都不行。因为家里常常受到邻里的接济，这就潜移默化地使他懂得了感恩，为他长大后的乐善好施打下了根基。山里的放牛娃，总是有一股牛劲儿、牛脾气的，这又是他侠义诚信的源泉。虽然他没读过私塾，也没进过学堂，可环境对他的养成教育却使他兼备了中华民族的传统美德，这为他后来的盐运生涯和为官之道都奠定了良好的基础。

崖壁上的古盐道遗址

　　来自秦巴山区的各地盐夫常年跋涉在盐道上，认识不认识都是亲如兄弟的朋友，这不仅仅是共同的命运，更重要的是保护别人就是自保。盐道崎岖，匪患无尽，野兽成群，如果缺少了互帮互助的集体意识其结果必将是害人害己，在这些方面罗德学是深得民心的。远方的盐夫少带了"沉土"，他就把自己的盐背子饭给别人分一些，别人掉队了他总要吆喝大家等到掉队的人跟上，年老体弱的盐夫在走栈道过渡船时他也会主动去帮助别人。九十四岁的老盐夫王继华说："他人年轻，力气大，好多次过栈道时人家望着几十米高悬崖下的滔滔江水眼睛都花了，他把自己的盐背过去后又回来帮别人背，有时候要背好几个人的，认得认不得他都帮。叮当沟那一段路最为凶险，绝壁上开凿出一条又陡又窄的砭子路，最窄的地方不到六十厘米，最高处距南江河有六十多米，河水深不见底，宽二三十丈，盐道的中间部分还是架的栈道，别说背盐，一般人就是空手行走都会头晕目眩两腿发软的。所以不管是背还是挑，盐包和扁担都是千万不敢碰到路里边的崖壁的，哪怕是轻轻地一碰也会有丧命的危险。罗德学不怕，他不仅帮别的盐夫把盐背过这道鬼门关，还像个教官一样指挥那些用大弯扁担挑盐的绳子系多长，脚步怎么迈，身子怎么斜，直到同路的人都安全地过来了他才又背起自己的盐包。有的盐夫半道上生病了，他就把人家的干粮、锅碗接过来背上。所以我们这些人都喜欢和他一路，他的名声很快就在盐夫中传开了。"

　　1936年腊月二十二日，莽莽群山覆盖在冰天雪地之中，远乡的盐夫已停下终年跋涉的脚步享受着一年一度的家人团聚，而路程稍近的、家境更为贫寒的盐夫们却更希望在这路断人稀的年关再背最后一次盐，卖个好价钱。这天，已经在返程的路上走了三天的罗德学一行四人走到了一处叫作黑弯的峡谷地带，看看天色已晚，大家又累又饿，罗德学说："今天耽搁了，要赶到幺店子吃饭住宿怕是要摸黑（走夜路）了。"话音刚落，只听林中的树枝啪啪作响，大家还没明白怎么回事，一排黑洞洞的枪口已对准了他们，完了，遇上土匪了。"把盐留下，你们走。"土匪大声地吼着。

沿沟溪蜿蜒的石阶盐道

眼看只有一半路程就要到家了，而且个个家庭都满怀着盐巴涨价的希望在盼望着他们的归期，盘算着卖钱后的过年开支。罗德学赶紧赔着笑脸说："各位好汉，你看我们都是穷人，要是有一点过年的办法我们哪个得在这个时候出来背盐嘛。"土匪们拉着枪栓对着罗德学说："我们要是有过年的也不得这个时候出来拿你们的盐，你们回去总有个家，我们还要住在山上的雪地里呢。"其他盐夫刚刚争辩几句就被土匪的枪托打翻在地。大家明白，这个时候只有保命要紧，至少还能过年，可怜四个盐夫只能乖乖地将盐放下。四人刚走几步又被土匪喝住，一看罗德学年轻个壮就要他一同背盐进山，从此罗德学还背上了一个"土匪"的骂名。其实，他被土匪强逼上山后成了土匪的苦役，在土匪的寨子里劈柴挑水，喂猪做饭伺候土匪过完了年，十四天后他见土匪对他的看管已松懈，便乘着茫茫夜色逃跑了。无奈没有生活出路，开春后他又不得不走上了盐道。罗德学当过土匪的历史问题直到1972年中共安康地委组织部才给出了他不是土匪的结论。

1950年初镇坪解放，罗德学参加了识字班和夜校的学习，达到了初小文化程度，并于三月参加工作，任县农会主任，县、省人民代表，1952年加入中国共产党，随后任县委常委、副县长十年。

罗德学当官后仍保留着盐夫本色，常年穿着布衣便装、稻草编织的边耳草鞋，工作雷厉风行、吃苦耐劳，尤其能和农民打成一片，下乡之际还帮农民劈柴挑水，担粪种地。1964年以前，镇坪没有马路与外界相通，他去地区开会要么走一百八十里山路到平利县再转乘汽车去安康，要么骑毛驴到平利县再坐车。至今，有关罗德学的传奇故事还在民间传为佳话呢。

无独有偶，就在与镇坪县山水相依的湖北省竹溪县也出了一位盐夫县长，他叫彭世元。1946年，刚满十六岁的彭世元因家境贫寒不得不踏上了去大宁盐厂背盐的旅程。彭世元开朗活泼，调皮而又乖巧，脑子还特别好使，所以一路上深得同路盐夫的喜欢。到1949年解放时，彭世元已经是颇有几分资历的老盐夫了。他读过几年私塾，于1949年7月参加革命工作，新中国成立后多年的基层工作给了他更多的磨砺，1980年当选为竹溪县人民政府县长。

彭世元自幼家贫，加之背盐的经历培育了他良好的品德素养和实干精神，而且他没有一点当官的派头，深得群众拥戴。即便当了县长，在家和单位之间自行车仍一直是他的交通工具，只要略有空闲，他都要奔回家去照顾身患残疾的妻子，帮着八十多岁的老母亲做做家务。下乡调研或检查，只要能帮到别人的，他总会尽力帮助。每到地方，他总会挤出时间去看看以前同路挑盐的"伙计"，有滋有味地畅谈着那已过往的辛酸。所以只要他去乡下，群众几乎没有叫他县长的，或叫老彭，或叫盐夫县长。

难以弥补的遗憾

秦巴古盐道的秘密太多太多，涉及了社会的方方面面，而且是由社会最底层的劳苦大众在大山深处演绎的历史，是华夏民族没有断层的前行的脉络，这脉络一直从远古走到了今天。十几年来，我多次走进盐道，走访盐夫，走进包括部分大学的图书馆，总想像一位老中医一样去好好地把把这个脉络，但我失败了，这一遗憾只能留给来者。

采访老盐工、老盐夫，唯一的线索就是现在八十岁以上的男性，所以我们走村串巷，边走边查边采访。2009年深秋，我打听到一位八十二岁的老盐夫张胜举便立即驱车去采访。老人已病入膏肓躺在床上，当我说明来意时他的眼睛里明显有了光芒，他示意让我扶他起来依靠着厚厚的棉被便开始了讲述。老人很自豪，他年轻时身材魁伟，力气大，有胆识，而且是用大弯扁担挑盐的，在盐道上，挑盐的比背盐的是要高人一等的，但他讲得最激动最自豪的是他打败过敌众我寡的土匪。他讲到，在那个苦难而混沌的时代，盐道上到处都有土匪出没，只要有个人牵头，拉上十几个人在山上搭个棚子就是一股土匪。三省交界，林海莽莽，官府除了与土匪勾结形成利益链条外就是安抚，各地土匪今天在陕西，明天在湖北，说不准哪天就到了重庆。到底有多少股土匪？他们是哪里的？没人能说清。

从他的讲述中我们知道他有过两次与土匪短兵相接的经历。一次是春天，他们一行六个人，行至铜罐沟时天已麻黑，树林中突然窜出一群土匪用土枪指着大家让把盐统统放下，众人有的求情，有的解释家里的贫穷，但土匪仗着人多又有枪态度越发得强硬起来，其中一名土匪举枪就要射向另一盐夫，情急之下张胜举扔掉盐挑抡起高肩打杵就是一通横扫，毫无心理防备的土匪被他的勇猛打懵了，叫的叫，喊的喊，有几个被他打滚到了坡下，土匪见状落荒而逃了。另一次是冬天，漫天大雪已封盖了没有边际的荒野，他们一行盐夫正走在一条峡谷中突然窜出一股土匪来要大家把盐放下，张胜举一看，土匪就是当地人，而且其中两个他都认识，几句寒暄后土匪悻悻地走了。我立即追问他认识的土匪的下落，他说新中国成立后只知道其中的一个在陕西镇坪县华坪镇落了户，另一个他不知道了。

这条线索对于我是重要而珍贵的。也许，这是最后的唯一的还活着的土匪，只要找到这名当年的土匪，就能知道另一名甚至更多名，我就能在秦巴古盐道的调研中走进土匪的世界去认知他们，了解他们。但很遗憾，我曾连续三次专程去到华坪镇，通过地方政府和关系大面积摸排倒是找到了这名土匪的大概住地，但当地群众的保护意识和警惕性都很高。他们说，那些都是几十年前的旧账了，何况人家也是因为太贫寒没有活路才去当土匪的，他又没有杀过人，人家从解放时就改名换姓了，你们还在查？我能够判断出这名土匪还健在，而且与村民关系不错；我也能够理解村民们的感情，这些年来，大大小小的运动对于他们的压力和创伤。可任我用尽招数，至今也无结果。这一深深的遗憾，怕是难以实现了！

几年前参加《今古传奇》和《中华文学》组织的全国性的作家创作经验交流会，有幸认识了解放军某部谭军长，他既是军长又是高产的军旅作家。他对我讲他的长篇小说《最后的战士》快要截稿了，小说是以一个真实的故事为原型创作的。1949年深秋，中华人民共和国都已经成立了，但国民党残余纠集盐道各路土匪组成反动武装，依仗巴山天险负隅顽抗，川、陕、鄂三路大军联合围剿。当一支部队打上神农架时土匪已望风而逃了，只俘虏了一对做饭的夫妇，连长留下两名战士就地看押土匪，说回来时一并带下山去，大部队便继续追赶土匪了，谁知这一去再无音讯。期间两名战士和两名土匪坚守匪寨，自耕自种，后来一名战士病死，不久男土匪也死了，再后来这女土匪和男战士成了一家人。一个土匪与一个战士成了家并有了孩子，他们不敢下山，不敢打听天下，等到不得已下山时已是"大跃进"的时代了。故事很辛酸，土匪也是人，本性的善恶是会随时代而变化的。

位于湖北的神农架和陕西的鸡心岭是同一条山脉，且相距不远，这些土匪正是盐道上杀人越货的害群之马，因而听来很真切。去年在西安再次与谭军长相见，他告诉我小说改编成电视文学剧本后已开机拍摄了。我为谭军长高兴，更为那些饱经沧桑的盐夫们高兴！

后　记

对于秦巴古盐道的认识和探索从 20 世纪的 90 年代到 21 世纪初，就有鄂西北的邵义龙、王安生，陕南的王晓群和重庆巫溪县的佘平在做了，但都是一种个人兴趣，所以他们的探索只局限于盐道的某一路段或盐产盐运的某一侧面，虽有一些颇有见地和价值的文章问世，但终未形成大的影响和体系，对于盐道文化遗产的保护和盐道精神的传承尚未引起政府的重视和社会的广泛关注。原因很简单，历史远去，盐运已止，四通八达的公路和廉价的食盐早已让人们淡忘了那些似乎毫无意义的曾经。地方政府关心的是经济建设，民间百姓更是不屑一顾这伤透了他们的山路，若单靠个人热情去做这一重大探索当然是很难的。

我之所以要说到他们是出于我对他们的敬仰，毕竟他们发现了秦巴古盐道是一个值得探索的课题，他们乐意自己出钱出力用自己的良知去回顾那段应该被记住却恰恰被遗忘了的历史，这是难能可贵的。同时，他们的付出也表达了强烈的民间意愿，那就是要把盐道的故事传给世人。我可以这样说吧，在以鸡心岭为中心的陕南、鄂西北和重庆市的巫溪、巫山、城口三县，百分之八十的人都是盐夫的后代。

我们总是擅长于盖棺定论，总是在宝贵的东西失去或即将失去的时候才来发现、呼吁、拯救，这是何等的悲哀！一条盐道，本无价值，但它开通在原始的生产力条件下，蜿蜒在林海莽原，在几乎与生命等同价值的盐运中推动着社会的文明与进步长达五千多年，一代代盐夫的辛酸血泪和人性本真，一个民族的精神和气节无不体现在这条苍凉的古道上。在这历史和现实即将脱节的关键时期，我们没有理由，也没有权力不把这一历史真实地留给国人。

1988 年，辉煌了五千多年的"上古盐都"大宁盐厂在产盐 1.6 万吨后燃尽了它最后的一缕青烟，消失在了历史的风尘中，只留下那不以功居、不与世争的盐泉还在不息的流淌。近五十年的建设与发展，各地盐道遭到严重破坏，许多川道地带已无遗迹，当年的盐夫已是八九十岁高龄且所剩无几。我们走访了陕、鄂、渝二十余县一百八十七个村，唯陕南镇坪县古盐道遗迹保存较为完整，全县古盐道总长一百五十三公里，由栈道、栈桥、槽道、石垒砭道、凉桥、渡口和羊肠小道组成，沿线也存有许多寺庙、盐店、会馆，构成了秦巴古盐道的缩影。

2009 年，第三次全国文物普查，镇坪古盐道被列为全国新发现的二十七个古遗址之一，2011 年被国家文物局录入《第三次全国文物普查百大新发现》一书，2014 年被陕西省人民政府公布为陕西省文物保护单位。同年底，著名作家李春平长篇纪实小说《盐道》和镇坪县文物管理所《镇坪古盐道——穿越历史的生命线》相继出版，陕西电视台、陕西人民广播电台、陕西日报、安康电视台及各大网站等多家媒体相继做了访谈和报道，秦巴古盐道才被更多的人所知晓。

《秦巴古盐道》完全以写实的手法将历史的真实再现，因为只有这样，我才能用我的良心去告慰五千多年来逝去的一代代盐夫，才能让更多的人了解和记住这样一个轰轰烈烈而又险些被遗忘了的历史。

欣慰的是，在陕西省文物局、安康市文化文物局的支持下，秦巴古盐道的重要节点——镇坪古盐道的抢救性保护、研究和利用工作已全面启动，以长篇小说《盐道》为蓝本，以镇坪古盐道为背景的影视作品制作已被越来越多的媒体所关注。我们期盼着古盐道的新生，期盼着更多的仁人志士继续深入地去探究古盐道上那些鲜为人知的故事。